福州社科普及读本

# 强国之路：严复的『译』生

谢钦 主编

海峡出版发行集团｜海峡文艺出版社

# 目　录

# 第一章

# 严复的一生

"一座福州城，半部近代史。"福州被誉为"近代名人聚集地"，人杰地灵，名家辈出。这里走出了许许多多对中国近代史有着深远影响的人物，严复（1854—1921）便是其中的杰出代表。

提到严复，不少人首先想到《天演论》、"信、达、雅"。

的确，甲午战争失败后，为挽救民族危亡、追求国家富强，严复以笔为刀，托译言志，翻译了一系列影响深远的西方社会学、政治学、政治经济学、哲学和自然科学等经典著作，并且首创了完整的"信、达、雅"翻译标准，是中国近代翻译史上具有划时代意义的翻译家。通过系统化、理论化地译介西学，严复引进了西方进化论以及自由、平等、民主的思想，堪称"中国近代思想文化史上里程碑式的巨人"。因此，在一定程度上，严复是通过翻译西学奠定了他里程碑式的思想巨人的历史地位。换言之，严复之所以被称为启蒙思想家，他的翻译起了不可估量的作用。

严复生活在中华民族内忧外患日益深重的时代。19世纪后半期至20世纪初，中国先后经历了第二次鸦片战争、洋务运动、甲午战争、戊戌变法、辛亥革命、新文化运动等一系列历史事件。其中的许多事件，严复不只亲眼看见、亲身经历，而且深度参与其中，成为推动中国近代历史进程的关键人物之一。

面对国内政局的急剧变动，社会思潮的风起云涌，严复毕生都在以实际行动寻求"治国明民之道"，冀望中国通过学习西方走上富强之路。严复的一生，扎根船政缔造海军，会通中西严谨治学，变法维新救亡图存，译介西学思想启蒙，办学办报教育救国……不难看出，这些人生履历共同折射出其身上一以贯之挽救国家危亡、追求国家富强的思想光芒。

严复被认为是中国近代史上向西方国家寻找真理的"先进的中国人"之一。在向西方寻找真理的道路上，严复经历了追求与奋斗、彷徨与苦闷、坚守与反思。从早年初识西学、倾心西学，到中年倡导西学、译介西学，再到晚年反思西学，严复的一生都在致力于寻找中国与西方、国学与西学、传统与现代之间可能的结合点。

路漫修远，不懈求索，方铸就了作为翻译泰斗和思想巨擘的严复。

# 第一节　学习西方

作为第一批"开眼看世界"的中国人，严复人生的前四十年（即从 1854 年出生至 1894 年甲午战争爆发前）可以概括为四个主要阶段：幼时国学启蒙、船政学堂求学、赴英留学、天津北洋水师学堂任教。

严复幼时接受传统儒学教育，少年时考入洋务派创立的船政学堂，学习近代科学知识和航海技能。1877 年，他作为清政府公派留学生中的一员，前往英国格林尼茨皇家海军学院深造。留英期间，严复深入接触英国社会制度、资产阶级政治学说、西方哲学思想与近代科学，逐步萌生通过西学"开民智"的革新抱负。1879年学成回国后，严复先在船政学堂担任教习，后调任天津北洋水师学堂任教。

# 一、故乡阳岐，国学启蒙

严复于 1854 年 1 月 8 日出生于福州南台苍霞洲，原名传初，后投考船政学堂时改名宗光，字又陵，1889 年担任北洋水师学堂会办（副校长）后，改名复，字几道。

图 1-1  严复出生之地——福州闽江中的南台岛

严复的父亲严振先继承父业，在南台苍霞洲行医，德术兼备，在当地颇有名望。严振先为穷人治病从不计较报酬，对无力买药的病人常常免收药费，许多病人都感念其仁心仁术。

严复的父亲在世时，非常重视子女的教育，在行医之余，时常亲自教他读书。严复七岁①入私塾，九岁②回到家乡阳岐村（今福州市仓山区盖山镇阳岐村），在胞叔严厚甫的私塾读书。十一岁③时，父亲令严复回苍霞洲家中，请来颇负盛名的同乡黄宗彝为塾师，在家教其读书。严复非常上进，一心想科举中第后报效国家。当时严家住在楼上，楼下经常晚上演戏。老师便让严复坚持上半夜睡觉，戏散后下半夜起来读书，一直读到天亮。黄宗彝虽然教学非常严

---

① 按照中国传统算法，1859 年，严复已虚岁七岁。
② 1861 年，严复虚岁九岁。
③ 1863 年，严复虚岁十一岁。

厉，但并不死板，经常跟严复讨论宋元明三朝儒学学案及典籍，还常给严复讲述明代东林掌故。东林党人不畏强权、刚正不阿的傲骨和以天下为己任的胸怀，给幼年的严复留下深刻印象，各种传统文化典籍的浸润也为他打下了国学的根基，为他后来的经世致用建立了良好基础。

1866 年春，严复承父母之命，娶同邑王氏为妻。同年，福州暴发霍乱，许多家庭都迁到外地避难，严振先和妻子陈氏却选择留下救治病人。8 月，严振先在救治霍乱病人时不幸感染身亡。父亲的离世让严家失去主要经济来源，从小康坠入困顿，严复的教育也就此中断了，无法再走科举入仕的道路。严复和少妻、母亲及两个幼妹一家五口在苍霞洲的生活难以为继，于是举家搬回阳岐村，居住在三间破旧的小木屋，靠母亲与妻子绣花和缝补换取一点微薄的收入艰难度日。严复晚年曾作诗回顾当时的悲楚境况，也表达了对亡母的深切思念：

> 我生十四龄，阿父即见背。
> 家贫有质券，赎钱不充债。
> 陟冈则无兄，同谷歌有妹。
> 慈母于此时，十指作耕耒。
> 上掩先人骸，下养儿女大。
> 富贫生死间，饱阅亲知态。
> 门户支已难，往往遭无赖。
> 五更寡妇哭，闻者坠心肺。

父亲乐善好施，仁心仁术，心系病人，母亲坚韧刚强，吃苦耐劳，操持家庭，良好的家风为少年严复心中埋下一颗砥砺奋斗的种子，一生为国为民辛苦奔走。

## 二、船政学堂，初识西学

1866 年，为建造船舰以巩固海防，洋务派大臣左宗棠在福建马尾创办船政，开办"求是堂艺局"，后来更名为船政学堂，这是中国近代海防运动中诞生的第一所海军学校，专门培养海军人才。按照左宗棠"必能自驾与自造"的宗旨，学堂分为制造学堂和驾驶学堂。因当时法国擅长制造船舰，故制造学堂聘请法国人做教习，用法语授课，学生入学后必先习法文；而当时英国拥有强大的海军，精通航海技术，因此驾驶学堂聘请英国人做教习，用英语授课，学生入学后必先习英文。学堂均使用原版教材授课，注重知识讲授与实践锻炼相结合。

图 1-2　船政学堂旧址全景

根据学堂规定，学生"饭食及患病医药之费，均由局中给发"；每个月给银四两贴补家庭费用；三个月考试一次，成绩一等的学生还可以领到十两赏银；毕业后，不仅可以在政府中得到一份差事，还可以参照从外国聘请来的职工待遇标准给予薪水。船政学堂主要学的是洋务，一般家境稍好的子弟都以考取功名为正途，多不肯报名应试。而对家道中落的严复来说，这是一次绝好的机会，他的母亲和妻子也都认为这不失为一条出路。

当时船政学堂的主考官是沈葆桢①，考题是《大孝终身慕父母论》。严复见题，想起去世不久的父亲，不禁悲上心来，文思迸发，不足一个时辰便写出一篇情恳辞切、感人肺腑的文章，深得沈葆桢赞赏，以第一名的好成绩被录取，成功进入船政学堂学习。严复有诗记载："尚忆垂髫十五时，一篇大孝论能奇。"

1867年1月，严复进入驾驶学堂学习驾驶，并系统学习英文和自然科学。课程主要有英文、算术、几何、代数、解析几何、平面三角、立体三角、代积微、动静力学、流体力学、电磁学、光学、声学、热学、化学、地质学、天文学、航海术等几十门，采用英文原版教材授课。此外，船政学堂学生每日必读传统典籍，并学习策论。严复"凡《圣谕广训》、《孝经》必须朗读，兼习论策，以明义理而正趋向"②。

严复从自然科学的基础知识和技能学起，通过五年的艰苦攻读，1871年以优等生毕业于航行理论科，旋即被派往"建威"练船为练习生，游历新加坡、槟榔屿及中国辽东湾、直隶湾等海口。1872年上"扬武"号军舰③，巡历黄海及日本长崎、横滨等口岸。

---

① 沈葆桢（1820—1879），福建侯官（今福建福州）人，晚清时期重臣，政治家、军事家、外交家、民族英雄。中国近代造船、航运、海军建设事业的奠基人之一，林则徐之婿。

② 顾树森.中国历代教育制度［M］.南京：江苏人民出版社，1981：231.

③ "扬武"号巡洋舰由船政建造，是亚洲国家自造的第一艘巡洋舰。

1874年随"扬武"号军舰赴台湾，并负责测量台东旗来①各海口，前后历时月余。1876年再随"扬武"号前往日本访问。

图 1-3 "扬武"号巡洋舰

进入船政学堂是严复人生的第一个转折点。在船政学堂五年的理论学习和六年的航海实践，彻底改变了他原本一心科举的人生方

---

① "旗来"为台湾花莲旧称。

向。这段经历使得严复成为洋务运动培养的早期人才，也为他提出除旧布新和译介西学奠定了基础。严复后来对西方科学的热情，无疑与他在船政学堂接受的自然科学教育是分不开的；西方科学的精确性造就了严复严谨的治学态度。因此，严复在赴英国留学之前就已经对西学有了初步的了解。同时，严复的英语水平大大提高，英语成了他看世界的工具，把他带入一个全新的世界，改变了他的思想观念，成为他探索西方先进的近代科学和社会文化思想的媒介，也促使他以更加开放的视角重新审视和批判洋务派对西方富强原因的认知。

从船政学堂毕业之后，严复没有停下学习的脚步。相反，他把船政学堂作为自己梦想的起航地，继续驶向新知的海洋。

## 三、英国留学，亲历西方

1872 年，经容闳倡议，清政府选派詹天佑等三十名幼童赴美留学，这是中国近代派遣的第一批留学生。几年后，沈葆桢作为船政大臣，倡议仿照 1872 年幼童赴美成例，派遣学生赴英法深造。1877 年，严复作为中国海军第一批留学生中的一员，赴英国格林尼茨皇家海军学院，开始为期近三年的留学深造。

图 1-4　英国格林尼茨皇家海军学院

皇家海军学院的教学方式让严复耳目一新。学校注重培养学生实际应用能力，鼓励学生如有疑问下课后可向老师请教，这些都让严复受益匪浅。皇家海军学院分科授课、因材施教，使严复认识到中西教育方式的差异，也促使他后来积极投身中国教育革新。

当时，严复不仅要学习高等数学、电学、化学、物理学、海军战术、海战公法、海岛测绘、建筑海军炮垒等科目，还要学习与军舰相关的"管驾""掌炮"和"制造"等知识。严复在船政学堂时已具备良好的理论基础，同时又有上舰航行的实习经验，进入皇家海军学院后如鱼得水，成绩出类拔萃。

严复在繁重的专业学习之余，开始接触西方近代思想家的理论，包括当时正风行英国的亚当·斯密、孟德斯鸠、边沁、穆勒、达尔文、赫胥黎、斯宾塞等人的思想学说。尤其是达尔文《物种起源》一书中生物进化的科学原理，经斯宾塞推动，应用到社会领域，震撼着欧洲思想界和知识界，引起了一场思想革命。因此，严复后来为何翻译他们的作品，也就不难理解了。

另外，严复还实地参观英国法庭，考察英国城市，深入观察英国社会发展。通过亲历西方资本主义的繁荣，领略资本主义的政教文明，严复眼界大开。虽然他在船政学堂期间已初步了解西方国家，但是亲眼看见西方资本主义的繁荣景象，还是给他带来巨大的震撼。当时正处于维多利亚时代的英国无疑是西方富强国家的代表，繁荣发展的英国和积弱积贫的祖国形成强烈对比，使严复深有感触，这也促使他开始走"向西方寻找真理"的探索之路。

时任中国驻英公使郭嵩焘①十分欣赏严复的才华和造诣。他访问格林尼茨皇家海军学院时，严复还表演过静电实验，并对水压

---

① 郭嵩焘（1818—1892），清政府派驻英国的首任公使，1877年1月抵达伦敦。他是一位具有爱国主义思想的开明外交官员，精通传统政治和文化，主张学习西方的科学文化。

机、麦克风、金属的通胀原理以及对数和牛顿力学进行了说明，这些都给郭嵩焘留下深刻印象。严复对西方资产阶级哲学及社会学说的研究以及对资本主义国家的观察和见解，也深得郭嵩焘赏识。尽管他们地位、经历、年龄悬殊，但仍一见如故，成了亦师亦友的忘年交。郭嵩焘在日记中写道，他们定期见面交流，有许多共同话题，两人的主张经常不谋而合。郭嵩焘曾说，只有像严复这样的人，才

图 1-5　严复 1878 年像

最有资格出使英国。后来严复回国，郭嵩焘向清政府力荐严复，请予重用。

严复对翻译产生兴趣也与郭嵩焘有一定联系。严复在英国学习时英语飞速提高，郭嵩焘赞其"外语胜于译员"。严复开始利用其语言的优势为郭嵩焘翻译外事动向，在此过程中初步显露出对翻译的兴趣。因此，郭嵩焘某种程度上算得上是严复翻译生涯的第一个伯乐和读者。1878 年 11 月，严复把自己翻译的《蒲日耳游历日记》以及《泰晤士报》上有关郭嵩焘离任的内容寄给郭嵩焘，郭嵩焘对严复的翻译能力高度评价，认为严译简洁明了。郭嵩焘的赏识和培养点燃了严复的翻译兴趣，加上早期的翻译练习，逐渐把严复引向翻译介绍西方名著、对国人进行思想启蒙的道路。

在郭嵩焘的影响下，严复开始思考西方社会的政教文明，其兴趣和视野逐渐由科学技术扩展到西方教育、经济、政治、社会制度及思想，以此探索西方富强的奥秘。

1879 年 7 月，严复以各门课屡列优等的成绩完成了学业。原本英国方面安排他上舰实习一年，但船政大臣吴赞诚以船政学堂亟待

教员为由，电召严复立即回国。8 月 14 日，严复离开英国，成为唯一没能完成上舰实习的留学生。

图 1-6　严复等六名留学生与格林尼茨皇家海军学院师生合影

两年多的留学生活是严复人生的另一个转折点。这段经历让他得以亲身考察西方的富强之路，钻研西方资产阶级的哲学社会科学著作和思想学说。君主立宪、自由平等以及当时风行西方的进化论思想、先进的教育理念，深刻地印入严复的脑海，使他对中西文化的异同更加了然于胸。也正是这些西方学术和文化的滋养，让他远远走在同时代中国人的前面，成为向西方寻求真理的先行者。

## 四、北洋水师，精研西学

1879 年 9 月，严复从英国格林尼茨皇家海军学院学成归国，任船政学堂教习。1880 年，调任天津北洋水师学堂总教习。<sup>①</sup> 1889 年，任学堂会办（副校长），次年升至总办（相当于校长）。

自调任北洋水师学堂以来，因当权者鄙夷新知，严复不能参与机要，他深感职微言轻，所学经世救国之西学知识和才华不得施展，于是希望通过科举致世，实现政治抱负。严复孙女严停云曾说，"其实他一向反对科举，尤感八股文误国误民。当时希望科举得名，是想借此为传声筒，使自己的言论能广达国人耳中"<sup>②</sup>。

严复在英国留学期间基本上中断了对国学的学习，归国后的第二年（1880），为提高国学水平，特意拜当时最负盛名的桐城派宿儒吴汝纶为师，苦修国学经典。严复不仅精修国学知识，而且在桐城派文风的运用上达到了极高的水平，赢得了吴汝纶的极高评价和赞扬。尽管如此，在 1885 年至 1893 年间，严复四次参加乡试皆不中<sup>③</sup>，愈加消沉苦闷，这也充分暴露出清朝科举取士的僵化与偏狭之弊。

严复在钻研国学的同时，也坚持广泛阅读西方英文著作。1879 年归国之后，严复经常在上海黄浦外滩购买新近出版的英文著作。在总办水师学堂、准备科举考试之余，严复总是闭门苦读西学经典著作，内容涉及生物学、经济学、社会学、逻辑学、政治学、教育学、伦理学等<sup>④</sup>，阅读数量之多，涉及范围之广，令人叹为观止。

---

① 1880 年，严复调任天津北洋水师学堂，直至 1900 年因避义和团运动，离开天津，结束在此长达二十年的任职。严复在北洋水师学堂任教期间，培养出一大批杰出的海军人才，如民国总统黎元洪、南开校长张伯苓、民国海军总长刘冠雄、民国海军部次长谢葆璋、北洋大学教务提调王劭廉、近代著名翻译家伍光建等。

② 王岗峰.严复：中国近代思想文化史上里程碑式的巨人 [M].福州：福建人民出版社，2016：57.

③ 严复先后于 1885 年、1888 年、1889 年和 1893 年四次参加乡试。

④ 严复一生坚持英文阅读的习惯，个人收藏"数千卷中西书籍"。

据统计，严复读过的西方英文版书籍涉及社会科学各个领域，例如达尔文的《物种起源》、赫胥黎的《进化论与伦理学》《科学与教育》、斯宾塞的《第一原理》《社会学研究》《社会学原理》《教育论》《伦理学原理》、亚当·斯密的《国富论》、马尔萨斯的《人口原理》、耶芳斯的《政治经济学浅说》《名学浅说》、穆勒的《论自由》《逻辑学体系》、霍布斯的《利维坦》、孟德斯鸠的《论法的精神》、卢梭的《社会契约论》、甄克思的《政治简史》、康德的《纯粹理性批判》等。[①] 通过广泛且系统的阅读，严复逐渐对西方的社会结构、政治制度、思想学说等形成了自己的见解，为他甲午战后长达二十载的西学译介与思想启蒙打下了坚实的基础。

严复自 1866 年离开故乡阳岐村考入船政学堂伊始，命运的齿轮开始转动，开启了他声名赫赫又跌宕起伏的一生。1894 年甲午战争爆发前，严复前四十年的人生经历为他奠定了深厚的国学基础和西学积淀，成为一位真正学贯中西的大儒；同时，他怀抱国家富强之志，积极向西方学习，探究其富强之道，为他后半生身体力行地传播西学、译介西方思想学说、唤醒国人奋发图强奠定了坚实的基础。

# 第二节 传播西学

从 1894 年到 1912 年，清末民初的中国先后经历了甲午战争、

---

① 王岗峰. 严复：中国近代思想文化史上里程碑式的巨人 [M]. 福州：福建人民出版社，2016：64.

戊戌变法、义和团运动以及辛亥革命等剧烈变革。二十年间，严复始终走在向西方寻求真理的道路上，通过办报、著述、译介以及教育革新等方式向国人传播西学，寻求救亡图存、国富民强之道。这二十年见证了严复如何成为一位划时代的译界泰斗和思想巨擘，可以说是他生命历程中最为关键的一段时期。

## 一、办报著述，变法维新

1894 年 7 月 25 日甲午战争爆发时，正是严复在北洋水师学堂任职的第十五个年头。甲午战争历时九个月，北洋水师惨败，几乎全军覆没。丁汝昌、邓世昌、刘步蟾等许多北洋水师将领壮烈殉国，北洋水师学堂培养出来的学生也伤亡过半。严复在北洋水师学堂多年的心血毁于一旦，令他痛彻心扉。

甲午之耻使严复对洋务运动进行了彻底反思，深刻认识到中国如欲不亡，除了向西方学习，别无出路。因此，严复以拯救国家危亡为己任，战争期间抓紧时间系统阅读西方经典著作，探究西方富强之根本。1894 年 11 月，他对长子严璩说："我近来不与外事，得有时日多看西书，觉世间惟有此种是真实事业。"[①]

1895 年 2 月至 3 月，严复在天津《直报》上连续发表了《论世变之亟》《原强》《辟韩》以及《原强续篇》一系列振聋发聩的政论文章，抨击中国传统社会制度之弊病，主张学习西方先进的科学文化和政治体制；呼吁变法维新，提出"鼓民力、开民智、新民德"，改造中国传统社会，拯救国家于危亡，使中国走向富强的道路。不少报刊纷纷转载这些文章，其中包括了梁启超主编的《时务报》。

---

① 严复.与长子严璩书［M］//王栻.严复集.北京：中华书局，1986：779.

图 1-7 严复 1895 年像

1895 年 4 月 17 日，清政府被迫签订丧权辱国的《马关条约》，中国面临被列强瓜分的危险，民族危亡迫在眉睫。5 月 2 日，康有为、梁启超领导的"公车上书"揭开了维新变法的序幕。《马关条约》的签订让严复深感民族危机空前严重。[1] 他积极投身救亡运动，撰写《救亡决论》一文，分三篇陆续发表于 1895 年 5 月 1 日至 6 月 18 日的天津《直报》，主张废八股、兴西学，提出"今日中国不变法则必亡是已"[2]，成为维新派的重要战斗檄文。严复的文章向国人敲响了救亡图存的警钟，挽救国家于危难，唤醒民众于迷途，为维新运动贡献了理论性指导，使他成为"维新运动最坚决、最权威的理论家"[3]。

---

① 严复. 与吴汝纶书 [M] // 王栻. 严复集. 北京：中华书局，1986：520.

② 严复. 救亡决论 [M] // 王栻. 严复集. 北京：中华书局，1986：40.

③ 王岗峰. 严复：中国近代思想文化史上里程碑式的巨人 [M]. 福州：福建人民出版社，2016：41.

1897 年，严复与王修植、夏曾佑在天津创办《国闻报》，后又增设旬报，取名《国闻汇编》，宣传变法维新。《国闻报》是日报，以"通上下之情"和"通中外之故"为目标，介绍国内外情况，主张通过学习西方诸国，改造落后的中国，实现国家富强之根本目的，成为维新运动的一个重要的言论机关，与梁启超主笔的上海《时务报》南北遥相呼应。严复始终是《国闻报》的核心人物，在该报发表了一系列著名的政论文章，并将所译《天演论悬疏》在报上进行连载，将进化论、自由贸易、自由及平等观念、法律思想、政治政体理论等介绍给国人。① 尤其是 1897 年 11 月，他著文怒斥德国占据胶澳的霸道行径，并对历来颇有好感的英国表达了强烈的失望，因为英国非但不主持公道，反而附和称许。可以看出，严复在积极主张向西方学习的同时，面对西方强国的无耻行径，内心也不免流露出深深的困惑与不安。

1898 年，严复曾作《拟上皇帝书》一文，于 1 月 27 日至 2 月 4 日陆续在《国闻报》上发表，系统表达他的政治变革主张。不过，在维新浪潮日益高涨之时，严复认为在当时民智未开的中国，不宜大讲减君权、兴议院，这体现了他一贯坚持的稳健变革主张。

1898 年 4 月，康有为、梁启超在北京发起成立保国会。6 月 11 日，光绪帝颁布了"明定国是"诏书，戊戌变法正式开始。康有为、梁启超、谭嗣同等维新派人士寄希望于通过光绪帝倡导学习西方，提倡科学文化，改革政治制度、教育制度，发展农、工、商业。但以慈禧太后为首的顽固派从一开始就对变法百般阻挠。9 月 21 日，慈禧太后发动政变，囚禁光绪帝，继而大肆捉拿维新派。9 月 28 日，谭嗣同、杨锐、林旭、刘光第、康广仁、杨深秀等六人

---

① 徐中约. 中国近代史：1600—2000 中国的奋斗［M］. 计秋枫，朱庆葆译. 北京：世界图书出版公司，2008：336—337.

被杀，其他维新派人士和参与新政及倾向变法的官员，或被囚禁，或被罢黜，或被放逐，戊戌变法宣告失败。《国闻报》因报道了戊戌政变的详情，对死难烈士深表敬意，被清政府勒令停办。

严复从不否定中国变法革新的必要性，只是对这种变法革新持谨慎稳重的态度。尤其在民族危机日趋沉重之时，严复更反对一味走极端模仿西方的道路。可以肯定地说，稳健的变革态度是严复始终如一的政治主张。[1]

## 二、翻译西学，思想启蒙

甲午战争惨败后，严复受到极大震动，认识到洋务运动并未学习到西方富强的根本。因此，严复以过去二十载系统研读西方经典著作之积累，致力于译介西方近代的社会政治文化思想以启蒙国人，寻求中国繁荣与富强之道。正是严复在思想启蒙方面的卓越贡献，奠定了他在中国近代历史上的不朽地位。

### （一）严复的翻译成就

1895 年至 1908 年，严复通过翻译把西方的社会学、政治学、政治经济学、哲学和自然科学等较为系统地引入中国，几乎涵盖了西方资产阶级民主主义的全套理论，对当时直到五四时期的中国知识界起到了重大的启蒙作用，严复也因此成为"近代以来中国系统介绍西方资产阶级学说的第一位翻译家和思想家"[2]。

严译名著中影响最大的当属《天演论》。不少人提到严复，首先就会想到《天演论》。1895 年甲午战败让严复思想受到极大的冲

① 马勇. 盗火者：严复传 [M]. 北京：东方出版社，2015：18.
② 王宪明. 严复群学及军事政治思想研究 [M]. 北京：清华大学出版社，2018：7.

击，于是他将英国著名学者赫胥黎于 1893 年在牛津大学所作的《进化论与伦理学》的演讲稿改译为《天演论》，着意以"物竞天择""适者生存"的生物进化理论阐发其"唤醒中国人保种自强，与天争胜，变法图存的政治意识"[①]。严复翻译《天演论》仅用了短短数月时间。1897 年，其译本开始于《国闻汇编》连载，第一次向国人介绍西方的进化论思想，打开了国人的眼界。1898 年戊戌变法前夕，《天演论》的正式出版似一声惊雷，划破蒙昧的暗夜，唤醒沉睡中的国人。《天演论》在戊戌变法期间对思想界影响极为重大，真正奠定了严复在维新运动中的历史地位，也被视作他成为译界巨人与启蒙思想家的发端。

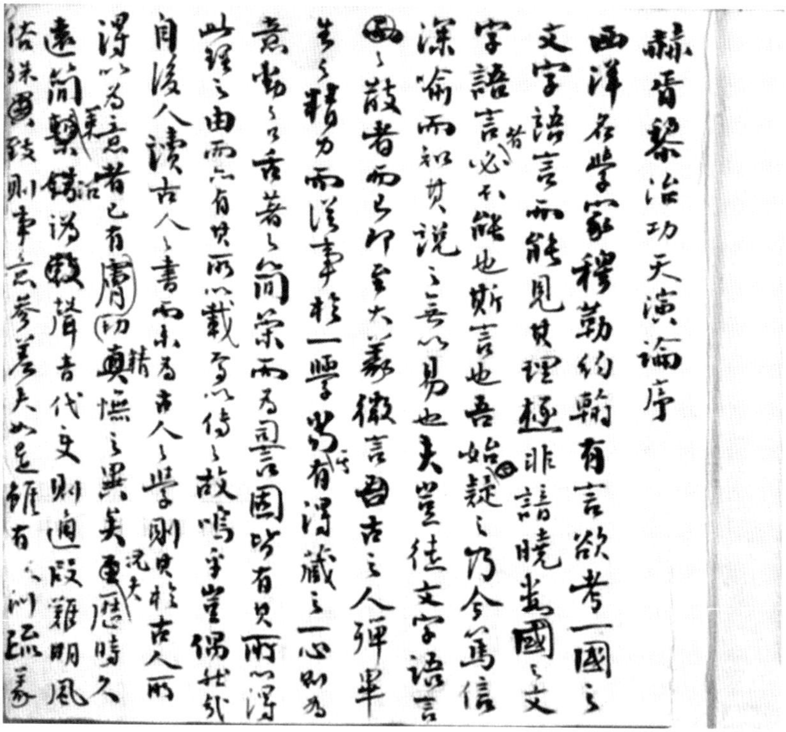

图 1-8  严复译赫胥黎《天演论》手稿（中国国家博物馆）

---

①  马勇. 盗火者：严复传［M］. 北京：东方出版社，2015：152.

　　《天演论》对中国近代社会产生广泛影响，促进了中华民族的觉醒。中国近代史上的许多重要人物，如康有为、梁启超、黄遵宪、蔡元培、孙中山、毛泽东、鲁迅、胡适、王国维等，大都曾公开表明受到过严译《天演论》的深远影响，其积极意义可见一斑。[①]此外，《天演论》也为中国先进分子接受社会主义奠定了思想基础。王宪明认为，《天演论》为社会主义思想在中国的早期传播做了观念上、理论上的铺垫。

　　《天演论》产生的巨大社会影响让严复愈发认识到翻译西学的重要性及紧迫性。他曾致信好友张元济，认为"译书为当今第一急务"[②]，并且相当自信地认为："且彼中尽有数部要书，非仆为之，可决三十年中无人为此者；纵令勉强而为，亦未必能得其精义也。"[③]严复的这份自信和底气来源于学贯中西的学识，他不仅广泛涉猎西学经典，而且极善于运用中国传统文化阐述西方自然科学和社会科学理论。

　　因此，继《天演论》之后，甲午战后的十余年间，严复陆续翻译出版了《原富》《群学肆言》《群己权界论》《穆勒名学》《法意》《社会通诠》和《名学浅说》等十余部西方学术名著。[④]

　　严复首创"信、达、雅"翻译标准，译作以"雅驯"和"达旨"闻名。一方面，严复特别注意西方著作的翻译与中国传统文化的联结，"所选择（翻译）的书，他均能了悉该书与中国固有文化的关系，和与中国古代学者思想的异同"，"一面介绍西学，一面仍

---

①　马勇. 盗火者：严复传 [M]. 北京：东方出版社，2015：150.

②　严复. 与张元济书 [M] // 王栻. 严复集. 北京：中华书局，1986：525.

③　严复. 与张元济书 [M] // 王栻. 严复集. 北京：中华书局，1986：525.

④　其中，《天演论》《原富》《群学肆言》《群己权界论》《穆勒名学》《法意》《社会通诠》和《名学浅说》被称为"严译八大名著"。

不忘发挥国故"。① 因此，严复在手法、体例方面别出心裁，遵循封建士大夫的思维习惯、欣赏趣味，来阐释近代西方的自然科学与社会科学理论。另一方面，严复刻意采用典雅的桐城派古文进行译述，译作篇篇都是声韵铿锵的典雅古文，达到了极高的国学水平，不仅得到老师吴汝纶的高度评价，连保守派也为其渊雅的桐城派文风而倾倒。

图 1-9　《原富》《群学肄言》《群己权界论》《穆勒名学》《法意》《社会通诠》《名学浅说》，现藏于严复翰墨馆

如前所述，甲午战败的惨痛让严复自觉担起全民思想启蒙、救亡图存、启智强国的重任，强烈的历史责任感和使命感让他具有非常明确的"为什么翻译""翻译什么"和"怎样翻译"的思想意识。从这个意义上我们可以说，严复被称为"近代第一译手"，其根本原因不仅在于其丰富的翻译著作，也不仅在于由其首创并影响至今

　　① 贺麟. 严复的翻译［M］//商务印书馆编辑部. 论严复与严译名著. 北京：商务印书馆，1982：30—32.

的"信、达、雅"的翻译标准，而且在于他系统翻译西方资产阶级民主主义的理论对中国近代社会思想启蒙的卓越贡献。正是有了严复的译介，近代中国得以摆脱封建的思想枷锁，走向自强救亡的现代之路。

### （二）严复的翻译"朋友圈"

严复取得翻译成就，除了自身的天赋与努力之外，还离不开身边志同道合至交好友的帮助。严复生活的时代，涌现出了一批"开眼看世界"的有识之士，他们既在各自的领域独领风骚，同时又与严复的翻译事业产生交集，直接参与或推动了严复的翻译，对严复的翻译思想、翻译语言、译著出版等产生了一定的影响。可以说，他们共同成就了严复在翻译史上的卓越贡献。他们与严复相知相交，相携相助，许多故事已成为佳话，传颂至今，值得后人铭记。

#### 1. 吴汝纶

吴汝纶（1840—1903），安徽桐城人，晚清文学家、教育家。晚年被任命为京师大学堂总教习，并创办桐城学堂，是晚清散文流派桐城派后期主要代表作家。

严复自幼修读国学经典，由于赴英国留学，基本中断了对国学的学习。归国第二年（1880），严复拜吴汝纶为师，[①] 苦修国学。吴汝纶虽比严复年长十四岁，但彼此亦师亦友。在吴汝纶的指导下，严复仔细研读姚鼐（1731—1816）所编的《古文词类纂》、曾国藩的《十八家诗钞》等书，并探究六经以及曾国藩所荐七部典籍：《史记》《汉书》《庄子》《韩文》《文选》《说文》《通鉴》，因而在文

---

① 严格地说，严复只是吴汝纶私淑弟子，并非入室门生。

字功夫上，获益良多。①

　　严复认为吴汝纶和郭嵩焘一样，是他敬仰的极少数既精通国学又重视西学的人物，故在许多方面心意相通。严复在翻译时，每译脱稿，都要寄给吴汝纶。严复译《天演论》和《原富》，吴汝纶都是第一个读者和修改者，并为之作序。吴汝纶虽不通西文，但是他从中国翻译传统所汲取的观念，使他对翻译体例、文字精确与典雅等方面有很清楚的想法。尤其是一方面尊重原作、重视精确，另一方面以"与其伤洁，毋宁失真"的原则来解决信与达、雅之冲突，此一想法对严复后来的翻译工作有深远的影响。② 严复能够运用桐城派文体达到高超的水平，译文声韵铿锵、文风渊雅，均得益于吴汝纶对他的教导和影响。

　　以《天演论》为例，吴汝纶读完译稿后为之倾倒，立即致信严复："得惠书并大著《天演论》，虽刘先主之得荆州，不足为喻。"吴汝纶对译稿的修改可谓"斟酌尽善"。黄克武认为，吴汝纶对严复的翻译工作至少有以下几点帮助：一、强调精确的重要性；二、当翻译精确与文字典雅有冲突之时，吴汝纶主张"与其伤洁，毋宁失真"；三、吴汝纶主张参考晋、宋翻译佛书的先例，将翻译文本与个人的论述严格区分，"凡己意所发明"归于文后"按语"；四、更改标题：他建议"用诸子旧例，随篇标目"，以明宗旨；五、吴汝纶斟酌字句得失，删除了一些原稿中不妥当之处。③

---

① 黄克武. 笔醒山河：中国近代启蒙人严复 [M]. 桂林：广西师范大学出版社，2022：123.

② 黄克武. 笔醒山河：中国近代启蒙人严复 [M]. 桂林：广西师范大学出版社，2022：124.

③ 黄克武. 笔醒山河：中国近代启蒙人严复 [M]. 桂林：广西师范大学出版社，2022：123—124.

此外，黄克武分析，从《天演论》手稿本修改痕迹可知，严复不仅几乎完全接受了吴汝纶的建议，而且接受了大部分他所拟定的小标题。可见，《天演论》以目前面目出现，吴汝纶扮演了一个非常关键的角色。[①]

1903 年，严复正要把译完的《群学肄言》寄给吴汝纶，打算请他作序，却听闻吴汝纶因病逝世的消息。严复哀痛不已，在该书《译余赘语》中以令人潸然之笔触，极尽感怀与哀悼，认为世上再无人可为他作序了，大有伯牙失子期之憾。

### 2. 吕增祥

吕增祥（？—1901），安徽滁州人，1879 年考中举人，后在天津北洋水师营务处任职。1880 年严复调任天津北洋水师学堂，与吕增祥比邻而居，成为同辈"至交""执友"。1891 年 1 月至 1893 年 12 月，吕增祥随李鸿章的长子李经方出使日本，任东京使馆参赞官。1894 年初吕增祥回国后，辗转调任天津知州。吕增祥善诗文，属安徽桐城派，国学功底非常深厚，而且为人好客，慷慨大方，吴汝纶等志趣相投的饱学之士经常在他家纵论天下，商榷辞章。吕增祥是严复与吴汝纶结交的牵线人，三人同为至交，相交深厚。

同吴汝纶一样，吕增祥也曾辅助严复翻译多部西方著作，更是为《天演论》的翻译和传播做出了重要贡献。严复在翻译《天演论》时，经常请吕增祥给译稿提修改意见。1897 年冬，为便于商榷和修改，严复干脆请吕增祥住到自己家中。二人早晚切磋，不亦乐乎。次年 2 月，吴汝纶闻之大为羡慕。11 月初，《天演论》删改完毕，严复想请吕增祥作序，而吕增祥却觉得吴汝纶更为合适。因

---

① 黄克武. 笔醒山河：中国近代启蒙人严复［M］. 桂林：广西师范大学出版社，2022：124.

此，严复致信请求吴汝纶作序。

为彰显吕增祥对《天演论》译本的翻译和传播所做的贡献，严复特意在 1901 年富文书局本《赫胥黎天演论》的封面上注明吕增祥的名字——"侯官严几道先生述《赫胥黎天演论》吕增祥署检"。"署检"即"校对"，严复用这种特殊的方式彰显吕增祥对《天演论》译本的贡献。

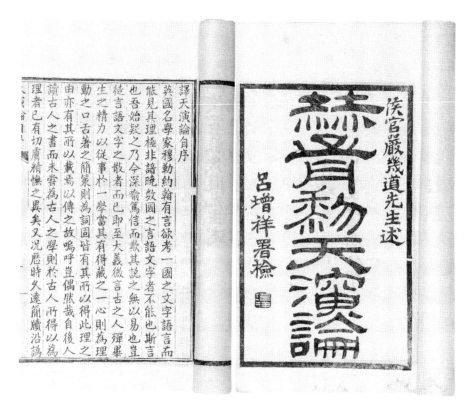

图 1-10 《天演论》书影

严复对吕增祥高洁的人品甚为敬慕。1901 年 5 月，吕增祥不幸遇刺身亡后，严复将他的孩子们视如己出，尽心尽力培养成才。1918 年 3 月，严复在致友人的信中给予吕增祥极高的评价："复平生师友之中，其学问行谊，性情识度，令人低首下心，无闲言者，吕君止（增祥）而已。"① 严复在 1918 年 11 月写给五子严玷的信中，称他与吕增祥是生死之交。后吕、严两家结为亲家，吕增祥的大女儿蕴玉嫁给严复的学生伍光建，二女儿蕴清则嫁给严复的长子严璩。

严复曾亲自为吕增祥刻制一枚"皇道山人"（吕增祥号）印章，这可能是严复留下的唯一一个自刻的印章②，可以说是他与吕增祥真挚友情的见证。

图 1-11 "皇道山人"印章

### 3. 张元济

张元济（1867—1959），浙江海盐人，中国近现代杰出的出版家、教育家与爱国实业家，一生为中国文化出版事业的发展做出了卓越贡献。

张元济是清光绪十八年（1892）进士，曾任总理各国事务衙门章京等职。维新运动期间，张元济建议光绪皇帝兴办新式学堂，培养各种新式人才，注重翻译。1896 年，张元济等人在北京创办西学堂，后严复亲自取名"通艺学堂"，并讲授部分课程，培养维新人才。

1898 年戊戌政变后，张元济被清政府革职。10 月，经李鸿章推荐，在盛宣怀创办的南洋公学（今上海交通大学）担任译书院院长。在译书院期间，张元济十分重视翻译政治、法律、商务等

---

① 杨萌芽. 严复与"同光体"成员的交往［J］. 闽江学院学报，2011（1）：32.

② 此印只留于吕增祥题张季直殿撰应试文署款之下："此先几道公为挚友吕君增祥所刻印也。公一代学人，著述寿世，余事工书。偶一治印，世无知者。此其徇知之作。原印无存。吾友林乾良重先哲遗物，摹此印迹勒石。为识其缘起如此。戊午冬，侯官严群志，萧山沈浮刊。"

方面的著作，多次写信向严复请教翻译相关的问题。

在张元济的主持下，译书院出版了严复翻译的《原富》。事实上，张元济对《原富》的出版起了最为关键的推动作用。他成功说服译书院创始人盛宣怀以两千两规元[①]（相当于译书院全年经费的26%）购买严复译稿，并同意开给严复20%的版税，从而使严复成为中国首位既拿稿费又享有版税的翻译家。[②] 这在当时是一个非常惊人的数字，张元济非同一般的魄力见识和对严复翻译的大力支持令人叹服。

严复与张元济相交甚厚，多有书信来往。1899 年，严复致信张元济表达他对译书的想法，认为"译书为当今第一急务"。1901年，张元济以扶助教育为己任投资商务印书馆。此后，历任编译所所长、经理、监理、董事长等职，将商务印书馆从一个印书作坊发展成为中国近代史上最具影响力的出版企业。他组织翻译、出版了大量西方文学和学术名作，普及、传播新知新学，其中策划出版次数最多的当属严复的译著。

根据贺爱军、贺宇统计，商务印书馆初版的严译名著共四种，《群己权界论》于 1903 年推出初版，至 1920 年印刷七次；《社会通诠》于 1904 年推出初版，至 1915 年印刷七次；《法意》在1904 年至 1909 年间出齐，至 1913 年印刷四次；《名学浅说》于1909 年推出初版，至 1921 年印刷十一次。此外，《天演论》原有木刻本，商务印书馆于 1905 年重新出版，至 1921 年印刷二十次，足见此书影响之巨大；《群学肄言》1903 年由文明编译印书局初

---

① 规元是 1933 年以前上海通行的一种银两计算单位，规元只作记账之用，并无实银。

② 贺爱军，贺宇. 改写理论视角下张元济的译外行为探究［J］. 上海翻译，2022（5）：90.

次出版，商务印书馆于同年出版订正本，至 1919 年印刷十次；《穆勒名学》原有木刻本，商务印书馆于 1912 年铅印出版，次年推出新版，1921 年再出新版。1913 年，商务印书馆再次集中出版了"严译名著丛刊"八种，并在每一种后面加了中西译名对照表。[①] 这套丛书几乎每本书都代表了一个社会学科，深深地影响了一代知识分子。

张元济主持下的商务印书馆提供的巨额经济资助，使严复译作得以反复印刷、多次出版，严复不仅从中获取了丰厚的稿酬和版税收入，也实现了从译者到股东的转变。同时，张元济也影响了严复的翻译行为。张元济提倡以中华资源阐释西学精髓，实现中西学术会通。在翻译实践中，严复大量使用《老子》《孟子》《论语》《大学》等中国传统文化资源翻译西学，这种"会通式"翻译方法与张元济的会通翻译诗学观秘响旁通。[②]

除了以上三位至交好友，严复取得翻译成就也离不开故乡福州独特的历史、地理因素以及人文气息的熏染滋养，尤其是严复生活的时代出现了一个优秀的福州翻译家群体，如罗丰禄、林纾、王寿昌、陈季同、陈寿鹏、薛绍徽等，形成一个星光熠熠的翻译家"朋友圈"。他们在个人专长及思想志趣等方面各异，故与严复在翻译思想、选材取向、技巧及表现形式方面存在些许差异，但众人身为福州同乡，自然以译为友，交流翻译心得，或多或少对严复的翻译事业产生过影响。

---

① 贺爱军，贺宇. 改写理论视角下张元济的译外行为探究 [J]. 上海翻译，2022 (5)：89.

② 贺爱军，贺宇. 改写理论视角下张元济的译外行为探究 [J]. 上海翻译，2022 (5)：93.

# 三、兴办新学，教育革新

严复早年拥有中西交融的教育经历，中年广泛阅读与大量翻译西学经典，这些对他的教育救国思想产生了重要影响。另外，严复兴办新式学堂，进行高等教育改革，对于革新国人的教育方式具有奠基意义。

## （一）教育救国思想

严复始终秉持教育救国的思想。甲午战败后，中国面临国破家亡的境地，严复通过翻译《天演论》使国人理解了"物竞天择、适者生存"的进化论思想，唤醒了国人的救亡意识：中国人必须要强大起来，才能跟别的种群进行竞争，否则必为列强所吞噬。这一进化论思想也成为严复教育救国思想的理论基础。可以说，《天演论》的翻译极大地促进了严复教育救国思想的发展。

严复的教育救国思想在《原强修订稿》①中得以清晰阐述："是以今日要政，统于三端：一曰鼓民力，二曰开民智，三曰新民德。"② 这一观念受到斯宾塞《教育论》一书的影响，该书首次提出民德、民智与民力的重要性。③ 因此，严复将教育分为体育、智育与德育。"鼓民力"就是要通过发展"体育"来提高国民的身体素质，增强体魄；"开民智"就是要以西学代替科举，通过"智育"

---

① 与1895年3月在《直报》上发表的《原强》一文相比，《侯官严氏丛刻》所刊的《原强修订稿》不仅在文字上有很大改动，而且补写了很多内容，增添了将近一半的文字。

② 严复. 原强修订稿［M］//王栻. 严复集. 北京：中华书局，1986：27.

③ 黄克武. 笔醒山河：中国近代启蒙人严复［M］. 桂林：广西师范大学出版社，2022：232.

来提高国民的科学文化素质；"新民德"就是要通过"德育"将自由、民主、平等的思想用于新民教育。这三者相互联系，缺一不可，反映了严复对教育救国的高度重视，也基本上确立了中国教育目标的近代化模式。

严复认为教育救国首先应废除八股取士的封建科举制度。1895年5月，严复在《救亡决论》一文中尖锐地指出用科举制度来选拔人才的三大弊端，即"锢心智、坏心术和滋游手"，认为八股取士是用死板八股禁锢人的思想，学生们只会死记硬背，以应对科举考试求取功名，是造就心术不好的人，是培养无所事事、游手好闲的人，这样培养出来的大都是自私自利的贪官。

严复的教育救国思想表现为以教育来"愈愚"（治愈愚昧）。他清醒地认识到，"中国不治之疾尚是在学问上，民智既下，所以不

图 1-12　严复 1905 年摄于英国

图 1-13　严复 1905 年摄于英国

足自立于物竞之际"①。1902 年，严复在《与外交报主人论教育书》一文中提出当时的救国事业唯有从"愈愚"做起，即从教育入手，先改良国民性，全面提升国民素质，之后才能通过变法实现救亡图存、国富民强。1905 年 1 月，严复赴伦敦协助开平矿务局处理官司事宜，恰巧孙中山从美国来到伦敦，听说严复在此，便前往拜访。严复认为当下"中国民品之劣，民智之卑"，不适合进行革命，"为今之计，惟急从教育上着手，庶几逐渐更新乎"。要先通过教育提高国民素质，才能逐渐改变现状。孙中山与其意见相左，说"君为思想家，鄙人乃实行家也"。这正反映了严复长久以来坚持的"教育救国论"思想。

## （二）兴办新式学堂

严复大力提倡新学，多次协助他人创办新式学校。1896 年，严复协助张元济在北京创办西学堂，后亲自取名"通艺学堂"，培养有助于中国进步和发展的新式有用人才。通艺学堂得到了光绪皇帝的关怀，于 1898 年因戊戌变法失败而致解散。

在协助张元济创办通艺学堂的同时，严复于 1896 年奉朝廷之命在天津创办俄文馆（中国最早的俄语学校），并担任总办。他亲自拟定课程，聘请教师，规划学校规模。由于这是晚清第一所官办的俄文馆，得到了朝廷一定程度的重视，俄国政府也给予相当的支持。

1905 年，严复协助爱国人士马相伯辗转创办复旦公学，由马相伯担任校长，后于 1906 年 10 月在马相伯辞职后继任复旦公学校长。严复在筹集办学经费、招生、教学以及管理等方面均亲力亲

---

① 严复. 与五弟书［M］//王栻. 严复集. 北京：中华书局，1986：733.

为，克服各方面阻力与办学困难，付出了很多心血和精力。1907年4月，严复深感"复旦事甚难办"，恰巧感染肺炎，"几成危候"，故提出辞职，虽几经挽留，深感无力坚持，于7月正式辞去复旦公学校长的职务。

### （三）高等教育改革

严复特别重视高等教育改革。1906年至1907年间，严复出任安徽高等学堂监督（校长），成为对他所倡导的近代新式高等教育思想理念的一次重要实践。严复到任之前，学校管理比较混乱，教学质量不高，学生视学校为混功名的地方，学风甚为散漫。为此，严复在办学方向、管理体制等方面进行大刀阔斧的改革，对学校的秩序和风气进行雷厉风行的整顿。在一次题为《张巡论》的考试中，被淘汰的学生就有三十八人。严复亲自检查这些学生的考卷，发现了王恺銮那篇四十分的作文。阅卷的汉文教习认为此答卷虽文辞论述有力，但见解荒谬、违背传统。然而，严复仔细通读之后却因该生不落俗套的独特见解而"大喜过望"，赞叹不已。他在考卷上略加改动几个字，然后让人唤王恺銮前来，一番询问对答之后，给予了他热情的褒扬，并当即自掏腰包给了他十块银圆作为奖励。那位评卷老师见此情景，立刻识趣地把考卷上的四十分改成了九十分。严复在写给外甥女何纫兰①的信中还专门提及此事，并感叹："可惜吾女尚小，不然，真可妻也。"② 由此可见，在培养人才上严复不拘一格的新式教育理念。

---

① 何纫兰是严复在船政学堂及留英时的同学何心川与其大妹的女儿。
② 严复. 与甥女何纫兰书［M］//王栻. 严复集. 北京：中华书局，1986：833.

图 1-14　严复与外甥女何纫兰合影

　　在辛亥革命风潮的冲击下，京师大学堂陷入混乱，亟待接管。1912 年 2 月，严复被派为京师大学堂总监督，接管大学堂事务。5 月 4 日，京师大学堂改名为北京大学，严复正式就任北京大学第一任校长。恰逢政局动荡，北大办学经费极其困难，一度面临停办。严复先后以《论北京大学校不可停办说帖》《分科大学改良办法说帖》上书教育部，据理力争。他一面筹款办学，一面对北大进行整顿、改革，在师资聘用、学科设置和教学内容等方面提出重要举措。

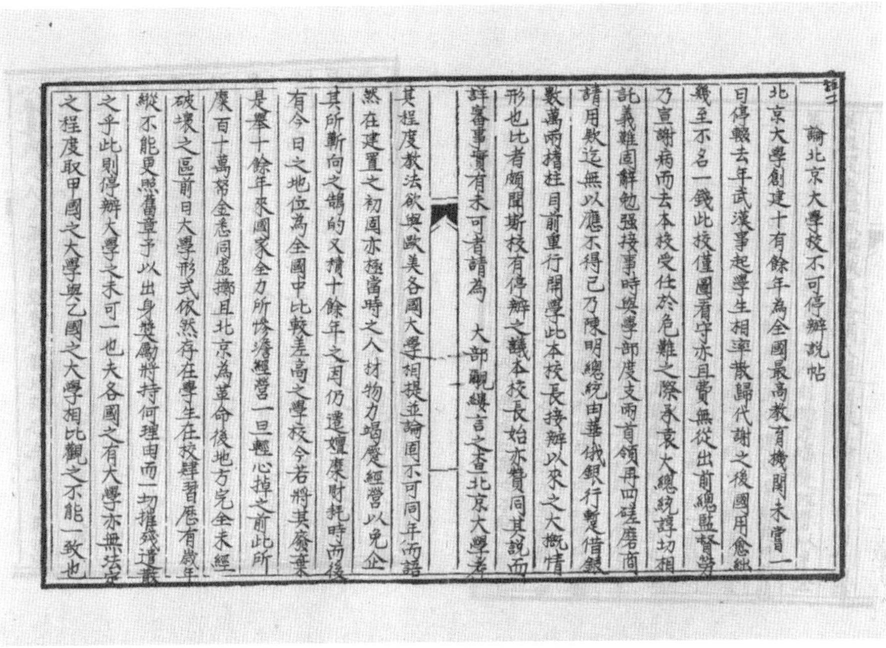

論北京大學校不可停辦說帖

北京大學創建十有餘年為全國最高教育機關未嘗一日停輟去年武漢事起學生相率散歸代謝之後國用愈絀幾至不名一錢此校僅圖看守亦且費無從出前總監督勞乃宣謝病而去本校受任於危難之際承袁大總統諄切相託義難固辭勉強接事時與學部度支兩首領再四磋磨商請用款迄無以應不得已乃陳明總統由華俄銀行暫借銀數萬兩權柱目前重行開學此本校長接辦以來之大概情形也比者頗聞斯校有停辦之議本校長始亦贊同其說而詳審事實有未可者請為　大部覼縷言之查北京大學者其程度教法欲與歐美各國大學相提並論固不可同年而語然在建置之初固亦極當時之人材物力竭蹶經營以免企其所嚮向之鵠的又積十餘年之因仍遞嬗糜財耗時而後有今日之地位為全國中比較差高之學校今若將其廢棄是舉十餘年來國家全力所慘澹經營一旦輕心掉之前此所糜百十萬帑金悉同虛擲且北京為革命後地方完全未經破壞之區前日大學形式依然存在學生在校肄習歷有歲年縱不能更照舊章予以出身獎勵將持何理由而一切摧殘遣散之乎此則停辦大學之未可一也夫各國之有大學亦無法定之程度取甲國之大學與乙國之大學相比觀之不能一致也

图 1-15　严复《论北京大学校不可停办说帖》局部（据北京大学校志稿翻拍）

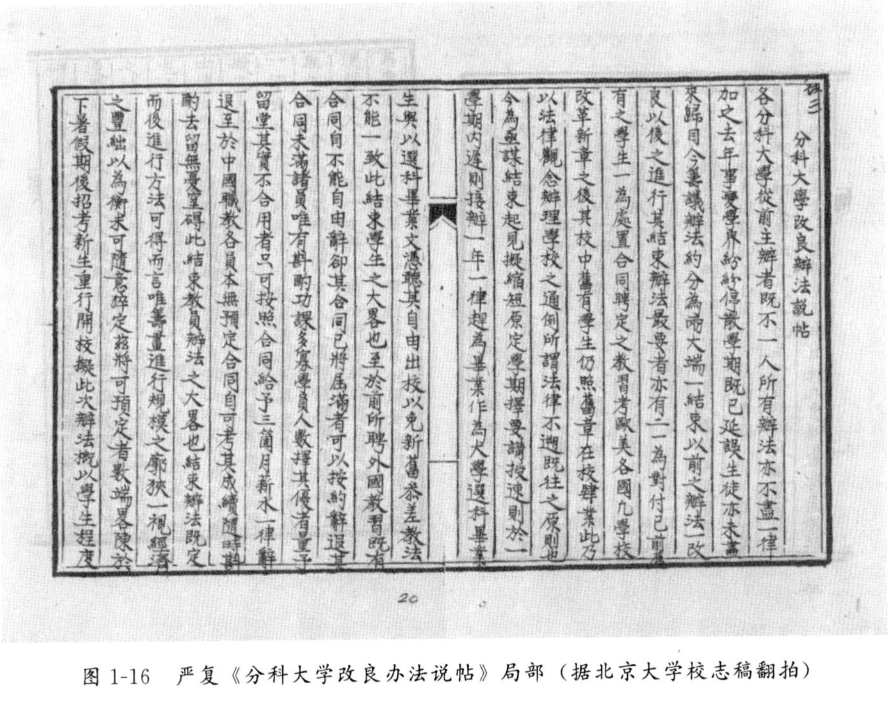

分科大學改良辦法說帖

各分科大學從前主辦者既不一人所有辦法亦不盡一律加之去年事變學界紛紛停散學期既已延誤生徒亦未盡來歸目今集議辦法約分為兩大端一結束以前之辦法一改良以後之進行其結束辦法最要者亦有二一為對付已前有之學生一為處置合同聘定之教習考歐美各國凡學校改革新章之後其校中舊有學生仍照舊章在校肄業此乃以法律觀念辦理學校之通例所謂法律不遡既往之原則也今為亟謀結束起見擬縮短原定學期擇要講授速則於一學期內遲則接辦一年一律趕為畢業作為大學選科畢業生與以選科畢業文憑聽其自由出校以免新舊參差教法不能一致此結束學生之大畧也至於前所聘外國教習既有合同自不能自由辭卻其合同已將屆滿者可以按約辭退其合同未滿諸員唯有斟酌功課多寡學員人數擇其優者量予留堂其實不合用者只可按照合同給予三箇月薪水一律辭退至於中國職教各員本無預定合同自可考其成績隨時斟酌去留無憂窒礙此結束教員辦法之大畧也結束辦法既定而後進行方法可得而言唯籌畫進行規模之廓狹一視經濟之豐絀以為衡未可隨意擬定茲將可預定者數端畧陳於下暑假期後招考新生重行開校擬此次辦法概以學生程度

20

图 1-16　严复《分科大学改良办法说帖》局部（据北京大学校志稿翻拍）

在上呈教育部的《分科大学改良办法说帖》中，严复突破传统理念的禁锢，大胆提出他对教育体制思想改革的思考，针对文科、法科、理工科、农科、商科等都提出了具体的改革办法，这成为开启中国近代高等教育体系的理论之始。此外，他提出"兼收并蓄，广纳众流，以成其大"的办学思想，成为北大奉行至今的传统。1912 年 10 月 7 日，严复辞去北京大学校长之职，就此结束了他的教育生涯。严复在北大担任校长的时间仅八个月，却为北大从清末大学堂向现代大学的平稳过渡做出了重要贡献，对中国高等教育新旧转轨亦影响深远。

从 1900 年至 1912 年，严复先后担任我国第一个名学会会长、京师大学堂译书局总办、复旦公学校长、安徽高等学堂监督（校长）、北京大学校长等职。他不仅从理念上宣传他的教育思想，还在办学治学的实践中提出改革方针，为近代中国高等教育事业的建设和发展做出了杰出贡献，培养出很多国家需要的有志之士、有识之才。

1894 年至 1912 年，严复通过著述警世、译介西学和教育救国等诸多尝试，以实际行动寻求救亡图存、国富民强之道，尤其是通过大量翻译西方经典著作，倡导学习西方的政治经济和思想价值体系以挽救危亡的中国。然而，需要明确的是，严复虽然大力提倡学习西方，但并非主张全盘西化，而是主张有条件地吸收西方文化，所以他"在向国人介绍西方文化时，既不敢忘记结合中国国情有条件有选择地吸收和接纳，也念念不忘在介绍西方文化成就、学术观念积极意义的同时，及时指出这些学说可能产生的负面效应"[1]。如他在译介《天演论》

图 1-17 严复 1912 年像

---

① 马勇. 盗火者：严复传 [M]. 北京：东方出版社，2015：13.

之后，又翻译《群学肄言》以弥补《天演论》某些理论上的不足可能产生的消极影响。

　　严复从来不是激进的变法者。由于亲历过西方社会，深知中西差异，他对中国学习西方的困难和矛盾认识得极为深刻，因此始终对变革持稳健的态度。可以说，严复所追求的是新学与旧学分别代表的西方文化与中国文化的融合，主张结合中西之长建造理想的中国社会，这种追求从他一生的著述和译述中得到了完整的阐发。

# 第三节　会通中西

　　通观辛亥革命以后严复晚年时期的中西文化观，可以看到，严复一方面依然主张选择性地学习西方文化的积极部分，另一方面开始反思近代西方文化的消极因素。由此，严复逐渐复归于中国传统文化，意图通过对传统的创造性转化，发掘其文化精髓和精神价值，构建中国传统文化的现代意义，实现中西文化的融会贯通，形成适应时代的中国人的精神价值体系。

## 一、扬弃传统，尊孔读经

　　1912年，南京临时政府废止小学读经和跪拜孔子礼仪，社会上出现了蔑古荒经的极端思潮。严复发起尊孔思古运动，提倡尊孔读经，极力反对全盘否定中国传统文化。

　　1913年4月，严复发表了《思古谈》一文。同年6月，严复与梁启超、林纾、夏曾佑等两百多位知名人士共同发起并组织了孔教会。9月，在孔教会的组织下，一场盛大的仲秋丁祭祀孔活动在北京国子监举行。当月，严复在中央教育会发表演说，竭力提倡读经。1914 年 10 月，严复在参政院第十九次会议提出《导扬中华民国立国精神议》，他根据时代精神用西学对孔教的"忠孝节义"进行了改造，建议以"忠孝节义四者为中华民族之特性"，"为立国之精神"[1]。

1917 年，严复在给熊纯如的一封信中写道："鄙人行年将近古稀，窃尝究观哲理，以为耐久无弊，尚是孔子之书。四子五经，固是最富矿藏，惟须改用新式机器发掘淘炼而已；其次则莫如读史，当留心细察古今社会异同之点。"[2] 他充分肯定了以儒家经典为代表的中国传统文化的精神价值，但是主张必须改用西方文化的"新式机器"去"发掘淘炼"中国传统文化，才能使"四子五经"这座"最富矿藏"发出新的生机，才能在坚守优秀传统文化的基础上构建现代意义。

对于国民教育如何引导民族自强与自立等问题，严复进行了深入并持久的思考，他发现在文化教育层面改造国民性的重要性。严复认为，区分一个国家和民族的高下，"要以国性民质为先"，即以国家精神和人民素质为主要标准，而不是以物质的东西为标准。[3]因此，严复晚年倡导读经，认为应当以儒家的价值观念为立国之本，希望能够从国学层面激发国民"忠、孝、节、义"的爱国主义精神，因为这是中华传统文化的精髓，也是中国人世代传承的精神命脉。他认为，用国学经典教育的第一目的是培养人格。面对国运飘摇，山河破碎，要挽回颓势，应以培养人才为先，而培养人才，以人格为急。人格如何，关乎国家命运。[4] 严复对待中国传统文化的态度至今仍然有非常重要的当代价值。

---

① 严复. 导扬中华民国立国精神议 ［M］//王栻. 严复集. 北京：中华书局，1986：344.

② 严复. 与熊纯如书 ［M］//王栻. 严复集. 北京：中华书局，1986：668.

③ 王岗峰. 严复：中国近代思想文化史上里程碑式的巨人 ［M］. 福州：福建人民出版社，2016：59.

④ 彭林. 人格与国性 ［N］. 光明日报，2010-9-20（12）.

同时，严复对中国几千年来逐渐形成的"国性"进行了深入探究，对中国的"国性民质"和国家的前途充满信心。他说，我们将冲破艰难险阻，向着光明的未来前行，屹立于世界民族之林。四亿中国人民，通过努力，将成为不可抗拒的力量。[①] 只有真正理解严复的思想精神，一百多年后的今天，我们在坚持文化自信，推动传统文化创造性转化、创新性发展之时，才能葆有永不失去的根基。

由此，我们可以辩证地看待严复尊孔读经的主张。一方面，严复从未对中国文化持全盘否定的态度，他认为中国人在接受西方文化的同时，绝不应该完全无视中国数千年来的文化传统。另一方面，严复提出尊孔读经，不是希望重回封建，而是基于对数千年来形成的国情民性的独特把握。严复晚年对中国传统文化的回望反观，并不是主张用孔孟儒学经书来代替西学，而是"希望在东方的精神文明之中寻找出路"[②]。他对中国传统文化的关注，主要在于伦理道德精华及其教化作用，与其在甲午战争后批判中国传统社会制度及中国文化中的某些落后观念并无违背之处。

## 二、反思西方，兼收并蓄

辛亥革命之后，严复对西方文化的态度并没有发生根本改变，继续坚持早年一贯的基本主张，即有条件、有选择地吸收西方文化，并且认识到西方文化可能对中国造成的消极作用。

1914 年 2 月，严复撰文发表《〈民约〉平议》，反对卢梭的社会契约论，认为社会契约论不足以救世。1914 年至 1918 年第一次世界

---

① 王岗峰. 严复：中国近代思想文化史上里程碑式的巨人 [M]. 福州：福建人民出版社，2016：59—60.

② 黄克武. 惟适之安：严复与近代中国的文化转型 [M]. 北京：社会科学文献出版社，2012：自序 003.

大战之后，世界格局发生了重大改变，"一战"将资本主义世界矛盾暴露无遗。严复1918年7月11日致信熊纯如："西国文明，自今番欧战，扫地遂尽。"[①] 可见严复对于西方文明的看法开始发生变化，认识到西方物质文明的过度发展导致毁灭性的战争，并重估西方文明的示范作用。但这并不意味着严复就此拒斥或尽弃西学。如在《读经当积极提倡》一文中，严复既提倡尊孔读经，又强调"今之科学，自是以诚成物之事，吾国欲求进步，固属不可抛荒"[②]。可见，严复晚年仍然主张学习西方先进文化，认为西方文化确有值得中国人借鉴之处。

事实上，严复晚年对西学的批判并不与其前期所译介的西学经典中的精华思想相冲突，他的批判仅限于西方的伦理与社会道德层面存在的弊端。正因如此，严复才提倡重视与发扬中国传统文化中的优长之处，即以中国传统文化的伦理道德精华及其教化作用来弥补西方文化的不足之处，体现其兼收并蓄的中西文化观。

严复晚年反思与质疑西方文化的弊端及局限，重视与发扬中国传统文化中的优点及长处，是其适应时代变化与发展的一种表现，这"反映出严复立足中华文化，努力吸收当代西方科学思想，希望从源头上将以儒家为代表的中国思想文化现代化'以使之与当代社会相适应、与现代文明相协同'的强烈愿望"[③]，在当下具有鲜明的时代价值和巨大的研究意义。

严复对国学的坚持开辟了中西对话、文化互通、文明互鉴的新境界。一方面，用中国的传统文化解释西方文化；另一方面，又用

---

① 严复. 与熊纯如书［M］// 王栻. 严复集. 北京：中华书局，1986：690.
② 严复. 读经当积极提倡［M］// 王栻. 严复集. 北京：中华书局，1986：331.
③ 王宪明. 严复群学及军事政治思想研究［M］. 北京：清华大学出版社，2018：13.

西方文化来解释中国文化，赋予中国传统文化新内涵。[①]严复既持守中国传统文化优秀的一面，又坚持兼收并蓄世界先进文明和文化。

## 三、桑榆晚景，惟适之安

1918 年 12 月 9 日，严复回到故乡阳岐村，距离上次（1893）回福州参加乡试，已过去二十五年。严复自 1866 年离开阳岐考入船政学堂伊始，五十余载阅尽世间冷暖，历尽人间沧桑。昔日少年，出走半生；此番归来，已是垂暮。

由于经年饱受肺病的折磨，严复身体每况愈下。因气喘加剧，严复于 1919 年 6 月前往上海红十字医院治病，至 8 月出院；12 月 15 日，入北京协和医院治疗，月底出院，迁入北京东城大阮府胡同。因病情反复，他常常需要进出医院。

1920 年 2 月 20 日，长孙严侨诞生于福州，严复大喜，仿效陆游，写下示儿诗："震旦方沉陆，何年得解悬？太平如有象，莫忘告重泉。"该诗道尽这位一生忧国忧民的老人对太平盛世、国富民强的殷切期盼。

1920 年 10 月 19 日，严复离京返闽避冬，于 30 日定居于福州郎官巷。他在《病中述怀》中写道："投老还乡卧小楼，身随残梦两悠悠。"这正是他晚年生活的真实写照。桑榆晚景之际，严复"心志恬然"，独善其身，几乎不问世事，大部分时间用于写作或给子女、好友写信。他在写给知己熊纯如的信中有言："坐卧一小楼舍，看云听雨……稍稍临池遣日。从前所喜哲学、历史诸书，今皆不能看，亦不喜谈时事。槁木死灰，惟不死而已，长此视息人间，亦何用乎！"[②]

---

① 王岗峰. 严复：中国近代思想文化史上里程碑式的巨人 [M]. 福州：福建人民出版社，2016：60.

② 严复. 与熊纯如书 [M] // 王栻. 严复集. 北京：中华书局，1986：714.

图 1-18　严复位于福州郎官巷的故居　　　　　图 1-19　严复晚年像

1921 年 10 月 3 日，严复病情加重，深感去日无多，于是写下遗嘱：

> 须知中国不灭，旧法可损益，必不可叛。
> 须知人要乐生，以身体健康为第一要义。
> 须勤于所业，知光阴时日机会之不复更来。
> 须勤思，而加条理。
> 须学问，增知能，知做人分量，不易圆满。
> 事遇群己对待之时，须念己轻群重，更切毋造孽。

　　这是严复对子孙后代的谆谆教导和殷殷期望，也是对自己一生所为与所求最好的注解。

　　1921 年 10 月 27 日这一天，福州郎官巷，这位六十九岁的老人因肺病医治无效，溘然长逝。严复生前好友陈宝琛为其撰写墓志铭，以"文章光气长垂虹"一句结尾，总结严复思想和精神留给后世的深远影响。

严复逝世后与先夫人王氏合葬于福州阳岐鳌头山之阳，墓前横石刻有严复生前拟定的四个大字"惟适之安"。

图 1-20　严复墓

一百多年后的今天，我们依然能够从"惟适之安"四个字中体悟严复的思想精神，即唯有不断适应变化，勇于迎接挑战，才能走向安定之境。

"惟适之安"四个字也很好地诠释了严复对待中国传统文化创造性转化的态度。正如王宪明所说，"严复此种保持民族性，体现时代性的努力，堪称中国思想文化发展史上继孔子、朱子之后的又一个里程碑，为中华文化在近代的复兴奠定了初步基础"①。

## 结　语

近代中国内忧外患日益深重，风雨如晦、暗夜如磐，严复一生

---

① 王宪明. 严复群学及军事政治思想研究［M］. 北京：清华大学出版社，2018：14.

都在以实际行动寻求"治国明民之道",冀望中国通过学习西方走上富强之路。

1894年至1921年间,政局急剧变动,思潮风起云涌,社会的发展进程经常不可避免地与严复的预想背道而驰。正如林纾在祭文《告几道文》中所写:"君著述满天下而平生不能一试其长,此至可哀也。"囿于时代等诸多因素,严复的救国与强国思想在生前无法得到实现,政治抱负始终无法得以施展。此其悲也!

然而,纵观严复一生的行迹,他始终以救亡图存、富国强民为己任,并且始终葆有一颗纯正的爱国之心,一生都在追求把中国变成一个独立、富强、民主的国家。尤其是严复的译著和翻译思想,无不透露着他对于国家富强和民族自由之路的探索,深深影响着一代又一代中国人在追求国家富强和民族复兴的道路上发挥自己的光和热。此其幸也!

"太平如有象,莫忘告重泉。"一百多年前,"严复带着富国强民的期冀抱憾离去,新生的中国共产党接过历史的接力棒"[1]。百年已过,中国早已不再任人欺凌,国富民强之气象正隆。"我们比历史上任何时期都更接近、更有信心和能力实现中华民族伟大复兴的目标。"[2] 这便是对严复以及所有为实现中华民族伟大复兴的梦想砥砺奋斗的先辈们最好的告慰。

习近平同志在《'93年严复国际学术研讨会论文集》的序言中称严复是"中国近代思想文化史上里程碑式的巨人"。

每一个中国人都应该记住严复。

---

① 邝西曦. 鉴往知来,跟着总书记学历史 | 回望严复 展望复兴 [EB/OL]. (2021-03-25) [2023-11-08]. https://m.gmw.cn/baijia/2021-03-25/34716563.html.
② 邝西曦. 鉴往知来,跟着总书记学历史 | 回望严复 展望复兴 [EB/OL]. (2021-03-25) [2023-11-08]. https://m.gmw.cn/baijia/2021-03-25/34716563.html.

# 第二章

# 严复的翻译

严复是中国近代翻译史上会通中西的翻译家，他的译作深受桐城派文风影响，既注重骈文的韵律美，又不失散文的流畅自然。他的经典译作影响深远，改变国人的世界观与方法论，开创了中国认识西方文化思想的新纪元，使当时处于"知识饥荒"的中国知识界如获至宝。

严复本可以译介汽机兵械的技艺或其他"格致诸学"（物理学）的书籍，但他对西方文化的深刻洞察让他明白，西方国家的强盛不仅仅依赖于科技的飞跃，更根植于教育、社会、经济、政治体制、学术思想的全面繁荣。因此，他选择了西学中那些具有代表性的人文社会科学思想著作，旨在启迪民智、塑造新民德、激发民力，通过翻译和传播这些著作来唤醒民族精神，推动文化革新，以翻译之笔表达志向，实现救亡图存的目标。严复的翻译极大地开阔了国人的学术视野，其译著主要情况如下表：

表 2-1　严复主要译著简表

| 类别 | 原著 | 作者 | 严译 |
|------|------|------|------|
| 哲学类 | *Evolution and Ethics and other Essays* | 英国著名博物学家、生物学家、教育家托马斯·亨利·赫胥黎（Thomas Henry Huxley, 1825—1895） | 《天演论》 |
| 经济学 | *An Inquiry into the Nature and Causes of the Wealth of Nations* | 英国古典经济学家、哲学家亚当·斯密（Adam Smith, 1723—1790） | 《原富》 |
| 社会学 | *The Study of Sociology* | 英国著名哲学家赫伯特·斯宾塞（Herbert Spencer, 1820—1903） | 《群学肄言》 |

| 类别 | 原著 | 作者 | 严译 |
|---|---|---|---|
| 政治学 | *A Short History of Politics* | 英国学者爱德华·甄克思（Edward Jenks，1861—1939） | 《社会通诠》 |
| | *On Liberty* | 英国古典自由主义思想家、逻辑学家、功利主义哲学家约翰·穆勒（John Stuart Mill，1806—1873） | 《群己权界论》 |
| 法学 | *The Spirit of the Law* | 法国启蒙思想家、法学家孟德斯鸠（Charles de Secondat，Baron de Montesquieu，1689—1755） | 《法意》 |
| 逻辑学 | *A System of Logic，Ratiocinative and Inductive* | 英国古典自由主义思想家、逻辑学家、功利主义哲学家约翰·穆勒（John Stuart Mill，1806—1873） | 《穆勒名学》 |
| | *Primer of Logic* | 英国逻辑学家、经济学家耶芳斯（William Stanley Jevons，1835—1882） | 《名学浅说》 |
| 文艺学 | *On the Exercise of Judgement in Literature* | 英国学者倭斯弗（W. Basil Worsfold，1858—1939） | 《美术通诠》 |
| 教育学 | *Chinese Education：How East and West Meet* | 德国思想家、教育家、心理学家、音乐家卫西琴（Alfred Westharp，1882 —?） | 《中国教育议》 |
| 其他 | *Missionaries in China* | 英国人宓克（Alexander Michie） | 《支那教案论》 |

　　这些译著中，《原富》《法意》《群学肄言》《社会通诠》四书是全译本，其余书籍只是部分翻译。尽管如此，严复仍是清末民初传播西学的杰出代表，他的西学翻译工作不仅深刻启蒙了中国学界，还引入了新知识、新理论，为当时的中国传递了关乎国家民族命运的世界观和深邃的哲学思想。他积极地向西方探寻国家富强和民主法治的真理，为中国社会的现代化进程做出了卓越贡献。

# 第一节 选本用心

## 一、《天演论》

面对 19 世纪末中国积弱积贫的状况，严复百感交集，立志以译书为手段启迪民智，规正人心。以《天演论》问世为开端，严复开始踏上了思考西方文化、探索中国未来和推动政治制度改革的道路。

《天演论》翻译自英国赫胥黎（Thomas Henry Huxley，1825—1895）的 *Evolution and Ethics and other Essays* 一书（今译为《进化论与伦理学》[①]）。1893 年，赫胥黎受邀参加牛津大学的一场关于宗教和政治议题的演讲，最初他并未接受邀请。当时，他身体状况欠佳，加上他的研究重心已转向科学思想对道德和政治问题的影响，赫胥黎不愿为了迎合演讲主题而改变自己的研究课题。然而，在朋友们的耐心劝说下，他最

图 2-1 《天演论》书影

---

[①] 下文中除特别说明外，均用《进化论与伦理学》指代赫胥黎原著。

终决定接受邀请并发表演讲。这些演讲的政论文后来汇集成了《进化论与伦理学》。

赫胥黎的原著深刻剖析了两个重要方面：前半部分详细阐述了社会达尔文主义的理论，将达尔文在生物界发现的"优胜劣汰、适者生存"的进化法则引入人类社会，认为社会的发展和进步正是通过不断地自我进化实现的；然而，在后半部分，赫胥黎对社会达尔文主义进行了深入的批判，并强调了伦理的重要性。他批评了斯宾塞的社会达尔文主义观点，认为虽然生物界的进化有其规律，但人类社会的发展与之有着本质的区别。赫胥黎坚信，自然界的残酷竞争不利于人类文明的健康发展。相反，人类文明需要道德和伦理的指引和约束，以确保社会的和谐与进步。这一点正是赫胥黎书名的核心思想。

严复翻译《进化论与伦理学》时，仅选择了前两章进行翻译。事实上，早在严复创办《国闻报》时，该书就以《天演论悬疏》之名刊登在《国闻汇编》第二、四、五、六册中。比对《进化论与伦理学》可以发现，严复只保留了一半的内容，删除了原著中关于生物学进化原理的部分。至于为何把 evolution 一词翻译成"天演"，严复更有其深思熟虑的原因——在他看来，自然界和人类社会都在不断进步，因而不能同意赫胥黎把自然规律（进化论）与人类关系（伦理学）对立起来的观点。外患日迫，列强侵略中国，严复深刻领悟到"物竞天择，适者生存"的真理，并期望借此激发中国人民的团结精神，坚定变法图强的决心。他积极宣扬赫胥黎"与天争胜"的主张，强调在帝国主义瓜分中国的危机之下，唯有奋发图强，与帝国主义进行坚决斗争，顺应天演法则，才能避免民族覆灭的灾难。他呼吁中华民族应"舍己为群"，齐心协力，共同面对并克服当前的民族危机。

除了题目不同外，严复在主旨和内容结构上也进行了明显调整。他不仅修改了原文的导言和正文，还进行了富有见地的扩展和补充。原文的导言共有十五节，但严复在《天演论》中将导论部分细分为卷上导言十八篇和卷下论十七篇，使得整个作品的结构更加完整和清晰。此外，他在其中二十八篇加了按语，请吴汝纶写序。出版译文中还有严复的自序和译例言，篇后附有词语通译表。

翻译《进化论与伦理学》的时候，严复注重用语的雅洁，使用文言格式，内容精练，文辞优美，刻意模仿先秦文体。严复的文体师承桐城派，而后者可追溯到先秦诸子。严复对桐城文体的推崇从来都不加掩饰，在他看来，"秦汉之文辞，屈原之《离骚》，司马迁氏之《史记》"①，都是绝作。

严复翻译《进化论与伦理学》的另一重大贡献是提出了"信、达、雅"原则。"信、达、雅"原则被奉为翻译的圭臬，在我国翻译界流传至今。严复写道："译事三难：信、达、雅。求其信已大难矣，顾信矣不达，虽译犹不译也，则达尚焉。海通已来，象寄之才，随地多有，而任取一书，责其能与于斯二者则已寡矣。其故在浅尝，一也；偏至，二也；辨之者少，三也。今是书所言，本五十年来西人新得之学，又为作者晚出之书。译文取明深义，故词句之间，时有所颠到附益，不斤斤于字比句次，而意义则不倍本文。题曰达旨，不云笔译，取便发挥，实非正法。什法师有云：'学我者病。'来者方多，幸勿以是书为口实也。"②

严复的译论强调翻译要忠实于原著，但在忠实于原著与译笔明达之间，他更注重后者。为了表达原文的意义，严复认为可以在内容忠实的前提下牺牲形式上的忠实，"词句之间，时有所颠到附益，不斤斤于字比句次"。严复追求译文"尔雅"，讲究修辞和文采，强

① 严复.《英文汉诂》卮言［M］//王栻.严复集.北京：中华书局，1986：152.
② 严复.《译例言》［M］//王栻.严复集.北京：中华书局，1986：1321.

调译文要"雅正"，这明显受到桐城派雅洁文风的影响。在严复的理念中，为了准确传达西方学术中的精深微妙之理，必须采用古代的字法和句法，即古文风格，才能实现"达"的效果，也就是实现清晰、准确的表达。严复相信，古文的雅洁与西学的精妙之间存在一种天然的契合。相对而言，他认为使用近现代的白话文来表达这些深奥的思想则会遇到困难，难以达到同样的表达效果。

严复的译述手法重视"雅"，然而有时却丧失对原著的"信"。他对自己改造赫胥黎原著的做法也并不十分推崇，鲁迅甚至说严复是"做"了一部《天演论》，"做"字精准地阐述了严复译著的特色。读者读严复的译本，就仿佛在读严复自著。我们今天翻开严复的《天演论》，很容易被他图强保种的呼喊所吸引，而忽略了赫胥黎的生物进化原理和斯宾塞适者生存的思想。鲁迅用"做"字形容严复的翻译，突出了其改造性。严复通过加按语，传达了改革和自强保种的理念，巧妙地把自己的想法和赫胥黎的思想结合在一起。他将个人见解与赫胥黎的思想精髓相融合，同时借鉴斯宾塞的社会达尔文主义、社会渐进进化论以及合群保种等理论，结合当时中国社会的实际情况，发出了"强国保种"的强烈呼吁。

《天演论》第一个通行版本于1898年6月由湖北慎始基斋正式出版，《天演论》的大量刊印与传播激起了大众的民族意识。该书博大精深，给中国的知识界产生心灵的震撼，上至亲王权贵下至布衣文人都成了严复的粉丝。阅读严复的译著也成为读书人相互攀比的一种时髦。梁启超读了《天演论》，"循环往复诵十数过，不忍释手"①，对严复翻译很是钦佩，并认为"严复是西洋留学生与本国思想界发生关系者之首"。梁启超也把《天演论》推荐给康有为，康

---

① 梁启超. 与严幼陵先生书［M］//苏中立，涂光久. 百年严复——严复研究资料精选. 福州：福建人民出版社，2011：262.

有为大赞"眼中未见此等人"①，称严复是"中国西学第一者"②，并在写给林纾的信中，把严复和林纾相提并论，"译才并世数严林，百部虞初救世心"③。孙宝瑄在《忘山庐日记》记载了他读《天演论》的感想，比如严复提出的"物竞天择"观念拓宽了他的视野，启发了深层的思考，"并为之掩卷动色"④。黄遵宪称严复是"学界中第一流人物"并赠诗给严复："一卷生花《天演论》，姻缘巧做续弦胶"⑤。胡汉民认为《天演论》成为当时的风潮，"物竞天择之理，厘然于人心，而中国民气为之一变，即所谓言合群、言排外、言排满者，固为风潮所激发者多"⑥。严复系统地介绍优胜劣汰的进步观点，切合当时中国社会的需要，符合社会历史发展的潮流，对文人学士和青年产生了巨大的影响。"物竞""争存""优胜劣败""自强""自力""自立""自存""自治""自主"以及"竞存""适存""演存""进化"等词汇成为当时的时髦词，甚至还有些人以这些词来取名，其中最有名的当属胡适。1904 年春，胡适到上海读书，读《天演论》后曾以"适之"二字署名创作了《生存竞争适者生存论》一文，后来又把名字改为胡适。

---

① 梁启超. 与严幼陵先生书［M］//苏中立，涂光久. 百年严复——严复研究资料精选. 福州：福建人民出版社，2011：263.

② 康有为. 严复为中国西学第一者［M］//苏中立，涂光久. 百年严复——严复研究资料精选. 福州：福建人民出版社，2011：275.

③ 康有为. 关于"译才并世数严林"和《天演论》的影响（1900—1914）［M］//苏中立，涂光久. 百年严复——严复研究资料精选. 福州：福建人民出版社，2011：276.

④ 孙宝瑄. 关于严复及其译述《天演论》的日记（1897—1903 年）［M］//苏中立，涂光久. 百年严复——严复研究资料精选. 福州：福建人民出版社，2011：250.

⑤ 黄遵宪. 致严复书（1902 年）［M］//苏中立，涂光久. 百年严复——严复研究资料精选. 福州：福建人民出版社，2011：279.

⑥ 胡汉民. 述侯官严氏最近政见（1906 年）［M］//苏中立，涂光久. 百年严复——严复研究资料精选. 福州：福建人民出版社，2011：300.

## 二、《原富》

18 世纪初期，英国已成为实力突出的国家，资本主义市场经济蓬勃成长。然而，经济的迅速发展虽然为英国资本主义的发展奠定了坚实基础，但社会还是出现了土地兼并、贫富差距扩大以及社会动荡等问题，封建势力在政治上依然举足轻重，重商主义政策横行，严重制约了英国资本主义经济的发展。自由主义经济思想在此基础上萌芽和发展。*An Inquiry into the Nature and Causes of the Wealth of Nations*（今译为《国富论》[①]）就是在这样的思想、经济背景下创作的。1767 年，英国古典经济学家、"政治经济学的开创者"亚当·斯密（Adam Smith，1723—1790）回到英国开始撰写《国富论》，1773 年基本完成初稿。这部现代经济学的集大成之作前后经多次修改，并于 1776 年 3 月开始出版，1778 年、1784 年、1786 年和 1789 年四次修订再版。《国富论》总结了近代初期各国资本主义发展的经验，在批判吸收了当时有关重要经济理论的基础上，系统且明白地描述了国民经济运动过程。此书出版后，对英国资本主义的发展直接产生了重大的促进作用[②]，因此受到了英国资产阶级的推崇。

在张元济的邀请下，1896 年，严复开始翻译《国富论》[③]。英文底本是鄂斯福国学（今译为"牛津大学"）出版社出版的新本，分上下两册，初版于 1869 年推出，第二版于 1880 年推出。该书由经济学家罗哲斯〔今译"罗杰斯"（Thorold Rogers，1823—1890）〕

---

① 下文中除特别说明外，均用《国富论》指代亚当·斯密原著。

② 亚当·斯密. 改订译本序言［M］//亚当·斯密. 国民财富的性质和原因的研究（上卷）. 王亚南，译. 北京：商务印书馆，1972.

③ 皮后锋根据《原富》英文底本上翻译日期，推定严复是在 1896 年 10 月开始翻译。

审阅和注释，盖有"大学堂译书局图章"，扉页上还盖有"尊疑堂"的朱印和严复的英文签名及略注：Yen Fuh, Imperial Naval Academy. Tientsin, N. China. April 1892. 18/3/28（严复，帝国北洋水师学堂，华北天津，1892 年 4 月，光绪十八年三月廿八日）。①

图 2-2　《原富》书影

《原富》全译本共有八册，五篇四十五万字，1901 年由上海南洋公学译书院出版，后来商务印书馆对译文进行重新编辑、加上断句出版印刷。书名《原富》的"原"应作"论"字解，即论述、探究之意。严复凭借其"熔中西为一治"的学识，利用"原"的一字多义，既诠释了原著中 inquiry（论述、探究）的内涵，也突出了其中 nature（性质）和 causes（原因）两个英文单词的词义。中国古籍古文经常使用"原"字命名，如《原道》《原毁》等，在《原富》

---

①　皮后锋. 严复大传 ［M］. 福州：福建人民出版社，2003：221.

译本出版前严复也发表过《原强》《原贫》等带有"原"字的文章。至于"富"字，按照英文原文的意思应为"财富"或"国民财富"。严复将书名意译为《原富》，表示"论富""论财富"或"探究财富的根本和源头"，与后来出现的直译书名《国民财富的性质和原因的研究》的文义完全切合，是对原著书名的一种极其平实的译法。①严复的翻译为英国古典政治经济学在中国的传播奠定了基础，也提高国人对于经济学重要性的认识。

严复为什么要选择翻译《国富论》这一西方资产阶级经济学的经典著作呢？对此，严复在《原富》例言中提到了四点原因。第一，经济学思想虽然自古就有，但翻译该书可以温故知新。第二，严复想要用亚当·斯密的理论来针砭中国的时弊，使书中的观点成为中国振弊起衰的利器。严复批驳中国重农抑商的传统，强调了经济学的重要性——经济学是中国走向繁荣与稳定的根本。第三，严复看重该书的价值，它借鉴了欧洲与亚洲众多的历史背景和过去的法规体系，是英法各国效法和引用的典范。第四，与其他书籍相比，该书在解释原理的过程中采用了事实作为证明和阐释的依据，因此不像其他书籍那么晦涩难懂，在严复看来，这有利于达到"启蒙"的目的。

《原富》与《天演论》相比，在翻译内容处理上有很大区别。严复对整部作品进行深入的理解和整合，为了普及经济学概念和理论，他简化了银市涨跌的描述，举例说明了市场价格变动情况以及经济影响，还删除了斯密和罗哲斯附带的伦敦麦价清单，调整了价格变动情况的部分。通过按语，严复对经济自由主义学说，包括分工理论、货币理论、价值论、分配理论、资本积累理论、税赋理论

① 单原. 生态翻译学视域下翻译策略的选择——以严复《原富》译本为例 [J]. 文化创新比较研究，2018（16）：85—88.

等方面存在的问题做出评析。

　　对于严复在《原富》中的翻译手法，研究者见仁见智。相较于《天演论》，《原富》较多采用直译，较少采用意译。[①] 在史华兹看来，《原富》大部分内容是采用英汉对照翻译方式，然而却并没有像《天演论》那么石破天惊、掀起波澜。主要原因在于：该书内容删节，使读者难见全貌；严复翻译《国富论》时，觉得"文多繁赘，而无关宏旨"，就"删置之"或者"概括要义译之"，[②] 但是严复这种掐头去尾的翻译方式，使原本就深奥的经济学知识脱离具体案例，让当时的士大夫读者更是一头雾水。即使《原富》编辑出版时，为了增加译文的可读性，添加了中西编年表、地名人名表和物义表等，但是严复的翻译手法仍然遭到诟病。

　　《原富》的深奥难解也和严复使用的语言有关。梁启超曾批评严复过分追求翻译文笔的深奥典雅，这给不熟习古文的读者造成了阅读障碍，反而损害了通过翻译传播思想的初衷："其文笔太务渊雅，刻意摹仿先秦文体，非多读古书之人，一翻殆难索解，夫文界之宜革命久矣。况此等学理邃赜之书，非以流畅锐达之笔行之，安能使学僮受其益乎？著译之业，将以播文明思想于国民也，非为藏山不朽之名誉也。"[③] 梁启超主张文界变革，尤其是在翻译学术性强的深奥书籍时，更要使用流畅易懂的笔法，否则学生们就难以从中受益。同时，按语太多，也使得读者在理解《原富》时更为困难。夏曾佑在《致严复书》中提到当时读者群中的反应："解着绝少，

　　① 史华兹. 寻求富强：严复与西方 [M]. 叶凤美，译. 南京：江苏人民出版社，1996：110.
　　② 严复. 译斯氏《计学》例言 [M] // 王栻. 严复集. 北京：中华书局，1986：101.
　　③ 梁启超. 绍介新著《原富》[M] // 牛仰山，孙鸿霓. 严复研究资料. 福州：海峡文艺出版社，1990：267.

不过案头置一编以立懂于新学场。"①

然而，严复翻译《国富论》的贡献是不可低估的。严复翻译时"以儒释计""以佛补计"，通过《大学》《史记》以及唐宋古文等，解释西方经济学里的理财、经济政策、商业发展、货币制度的概念。如将 bribe 译为"赇"（今译为"贿赂"），将 lottery 译为"阄博"（今译为"彩票抽奖"），将 market 译为"市廛"（今译为"市场"），将 wage 译为"庸"（今译为"工资"），将 money 译为"泉币"（今译为"钞票"）。"泉币"一词出自唐朝柳宗元《非〈国语〉上·大钱》中的"古今之言泉币者多矣"。

严复还使用古代纪年法来翻译英语的时间；译文将原书中某些中国人不熟悉的例子换成中国典故，因此在按语中大量提及有关中国古代经济学说的著述、观点和思想。如借《汉书·食货志》中对"八政"的阐述、孟子的"居仁由义，则利在其中"的义利论，以增加《原富》的可读性；还以佛教术语如"无遮大会"和"常住"翻译西方经济学概念，如"无遮通商"（free trade）、"常住母财"（fixed trade）。

严复在译介西学中，勇立潮头，在遇到"新理踵出，名目纷繁"的西文术语时，他找不到对应的中文，就会对词义重新命名。严复之所以选择翻译英文西书，是因为他认为当时的很多文章通过日文"二手"翻译，与原著本义相去更远，"若数转为译，则源远益分"②。针对当时普遍使用日本的翻译词，严复有意进行修正，希望建立一套新的学术术语体系，企图通过另铸新词，改变当时翻译词汇沿用日文版的习惯，开辟中文学术的新纪元。

---

① 夏曾佑.致严复书［M］//牛仰山，孙鸿霓.严复研究资料.福州：海峡文艺出版社，1990：282.

② 严复.与曹典球书·三［M］//王栻.严复集.北京：中华书局，1986：567.

以我们今天熟悉的 bank（严复译成"版克"）一词为例。在严复翻译成"版克"之前，一般使用日译名"银行"或传统叫法"银号"。然而严复指出："版克此云银号，又曰票号，曰兑局，曰前店，其实皆版克也。所不当云银号者，以其业不仅银，所不当云钞局者，以其事之异古。票号诸名又嫌不典，不若直译其音为当也。"① 严复认为"bank"一词比中国传统概念中的"银号"或日译名"银行"概念要广，他主张音译兼容多种功能，因此他的"版克"就指代银号、票号、兑局、前店等含义，直接拓展了银行的内涵和外延。

对于那些无法直接"索之中文"，无法找到对应意思的表达，严复会采用"自具衡量，即义定名"，或直译或意译。"索之中文"是借用中国传统文化和相关术语来比附和解释西学中的概念和术语，即格义法。严复参考了涉及经济的古代汉语典籍，如《汉书》的《食货志》、《史记》的《货殖列传》等，进行翻译。② 比如，严复将 raw material 翻译为"生货物"（今译为"原材料"），将 rate of profit 翻译为"赢率"（今译为"利润率"），将 capital 翻译为"母财"（今译为"资本"），将 mercantile system 翻译为"商宗计学"（今译为"重商主义"），将 agricultural system 翻译为"农宗计学"（今译为"重农主义"），将 feudalism 翻译为"拂特""拂特封建"（今译为"封建主义"）。

严复可能是当时对亚当·斯密经济思想理解得最透彻的中国人。《原富》开辟了中国经济学发展的新局面，也提高了国人对经济学、对国家富强的重要性的认识，向国人提供发展资本主义路径的参考。夏曾佑曾谈到《原富》"前日全书出版，昨已卖罄"，可见

① 亚当·斯密. 原富 [M]. 严复，译. 北京：商务印书馆，1986：85.
② 高承敏. 浅析《原富》术语翻译 [J]. 海外英语，2017（12）：125—128.

《原富》当时火爆的出版和销售情况。郭大力和王亚南提到，在科举快要废止的那几年，投考的那些秀才举人以引用《原富》为荣，认为只要引用其中句子，就可以被自命维新的主考人另眼相待，而名字高挂于金榜。

严复的经济学译著中，除了《原富》，还有《国计学甲部》。然而这部译稿并未完成，现今仍珍藏于中国历史博物馆。《国计学甲部》原著由法国巴黎法典学堂的讲师齐查理所著，严复的译本仅完成了三千字，包含了两条按语和一条夹注，为后世留下了宝贵的文献财富。这部翻译残稿可能是甲午战争前，严复在北洋水师学堂担任总办期间所做的翻译尝试，反映他对国计民生的强烈关注。①

## 三、《群学肄言》

1871 年左右，英国著名哲学家赫伯特·斯宾塞（Herbert Spencer，1820—1903）应他的美国信徒尤曼斯（Edward Youmaus）教授的邀请，撰写一部关于社会学的著作，作为尤曼斯策划的国际科学丛书（*International Scientific Series*）之一。斯宾塞当时正准备撰写《社会学原理》，便借此良机，在这本书的导言中阐述了在《社会学原理》中不便表达的观点。此外，这本书还引用了他多年来收集的释证材料。斯宾塞希望通过它改掉晦涩的哲学文风，换用更通俗的语言讨论社会学理论与较有争议的特殊论题，引起人们对社会学的兴趣。显然，斯宾塞把这本书定位为社会学启蒙书，把进化理论"优胜劣汰、物竞天择、适者生存"应用在社会学上，强调研究社会的整体和各种社会要素之间的关系，倡导个人和社会都要遵循进化论的规律。

---

① 皮后锋. 严复大传［M］. 福州：福建人民出版社，2003：101.

该书十六个章节最初是在《当代评论》（*Contemporary Review*）和美国《大众科学月刊》（*Popular Science Monthly*）上刊出，后来在 1873 年由伦敦 HENRY S. KING & Co 出版公司汇编出版了 *The Study of Sociology*（今译为《社会学研究》[①]）一书。两年后，严复接触到了这本书，立刻被书中社会学分析的系统性研究方法深深吸引。严复认为，斯宾塞的学说与《大学》的"修齐治平"不谋而合，甚至有所超越，可视为对荀子思想的延续。于是，严复借用荀子"民生有群"之意，将斯宾塞学说命名为"群学"。

群学，是社会学的旧译名，严复糅合荀子、斯宾塞、赫胥黎等人的观点，构建适用于中国的群学思想。"肄言"有各门学科都必备的研究方法论或方法准则之意。"群学肄言"就是"社会学方法论"的意思。为了使士大夫们更好理解，严复巧妙地把社会学与荀子"群"的文化相嫁接，从而让国人更好参透"社会""社会学"的含义。在严复看来，《社会学研究》就是西洋版的"四书"，严复借用荀子和斯宾塞的社会学理论，强调国家必须结成群体，以强盛战胜外物。在译著中，严复把许多词汇翻译成"群"，如 social、community、aggregate。进一步比较不难发现，斯宾塞的原文很难和严复的译文一一对应。严复为什么要采用意译的方式阐释群学？这是因为严复的群学思想更突出人与人的政治关系、经济关系、社会关系等。在中华民族生死存亡之际，严复希望通过群学寻找治国之术，强调国家之义，他认为斯宾塞的群学理论对当时的中国具有救亡图存的价值。

1897 年，严复所译《群学肄言》首篇以《斯宾塞劝学篇》之名在《国闻汇编》上发表。到 1903 年，他将全稿交上海文明编译印书局出版。严复首次将西方新兴的社会学作为一门独立科学向国

---

① 下文中除特别说明外，均用《社会学研究》指代斯宾塞原著。

人译介，给国人带来了巨大的思想冲击和洗礼。当时的清政府正面临内忧外患，戊戌政变和义和团运动接连发生，紧闭的国门也被列强的坚船利炮打开，这些危机都促使忧国忧民的严复积极探索通过翻译来实现救亡图存之路。

严复在《与熊纯如书》中提到，他翻译《社会学研究》的初衷是为了缓和"天演"哲学对社会产生的强烈冲击，并批判激进派所主张的暴力革命。然而，他遗憾地发现，尽管《群学肄言》的出版意图在于此，但"不幸风会已成"，这本书显然未能有效缓解《天演论》所带来的过猛社会冲击。

《群学肄言》沿袭《天演论》的翻译风格，文风古奥典雅，但是与《天演论》大刀阔斧的改造相比较，严复在《群学肄言》中保留了原著的整体结构，更完整地传达了原著的思想。文章按语

图 2-3 　《群学肄言》书影

较短，对词语的解释也没有像《天演论》那样使用大篇幅的注释。然而，这并不意味着严复"复刻"翻译了斯宾塞的著作，他的"叛逆"无所不在。一个经典的例子，是书中一段阐述"何为健康社会"的语句，原文只有七十四个英文单词，严复译文则长达五百九十三字，带有明显的"改造"风格。严复在译文中增加了社会渐进进化论的思想，强调社会和社会科学发展就是缓慢而自然的进化过程。在《群学肄言》中引入《天演论》的思想，显然是希望通过《天演论》的影响力，让有识之士更好理解赫胥黎与斯宾塞的合群保种等观念，渲染生存竞争的残酷性。

在《群学肄言》中，严复仿效吴汝纶为《天演论》拟标题的方

法，以两个字翻译原书章节标题，模仿太史公笔法，行文四字一句，道出了《群学肄言》各章节命名的来由，妙笔生花，一言穷理，环环相扣。

第 1 篇：Our need of it

今译：我们需要社会学

严译：砭愚

译名由来：含灵秉气，群义大哉！强弱明暗，理有由来。哀此流俗，不知本始。在筌忘鱼，操刃伤指。译《砭愚》第一。

第 2 篇：Is there a social science?

今译：是否存在社会科学？

严译：倡学

译名由来：执果穷因，是惟科学。人事纷纶，莫之捇摧。虽无密合，宁鲜大同。籀此公例，彪彼童蒙。译《倡学》第二。

第 3 篇：Nature of the social science

今译：社会科学的性质

严译：喻术

译名由来：真宰神功，日惟天演，物竞天择，所存者善。散曰么匿，聚曰拓都。知微之显，万法所郭。译《喻术》第三。

　　虽然中西方文化差异导致严复译本与斯宾塞的原著存在差异，但 1903 年由高凤谦作序的《订正群学肄言》在上海商务印书馆出版后仍然畅销，首印六千本，一本难求，甚至出现盗版的现象。高凤谦评价了该书在严复翻译作品中的地位，称："严子所译著，大半言群治，而是书实为先导。吾敢正告世之喜谈群治者曰：'欲读严子之书，必先读《群学肄言》。'"① 该书不仅是了解严复思想的重要著作，也为当时读者带来很多社会学的新概念，影响了一大批的清末民初的知识分子。

《群学肄言》产生广泛影响，严复也对自己的译著非常有信心，"吾译此书真前无古人，后绝来哲，不以译故损价值也。惜乎中国无一赏音。扬子云期知者于千载，吾则望百年后之严幼陵耳"②。随着译著的销量大涨，严复也增强了自己的版权意识，《群学肄言》的版权由文明书局和严复共同持有。印数限六千册，每部译者分利七角五分；待前三千册销完，书局向译者支付全部六千册的译利；后三千册销完，书局归还版权，合同撤销；书局未及时或足额支付译利，属于背约，译者可收回版权；书中须粘贴译者提供的版权印花，否则视为盗印，一经发现，书局罚银二千两，版权归还。③ 该约定明确规定了出版商权利，开辟了知识版权保护的先河。

## 四、《群己权界论》

从戊戌变法到义和团运动这一时期，是严复的"黑暗时刻"。他不仅经历了维新运动失败带来的挫败感，还承受了清朝反动排外分子的怀疑压力。④ 在这种沉重的氛围下，严复内心渴望言论和思

---

① 高凤谦. 订正《群学肄言》序［M］//严复全集（卷三）. 福州：福建教育出版社，2014：6.

② 严复. 译《群学肄言》有感［M］//孙应祥，等. 严复集补编. 福州：福建人民出版社，2004：12.

③ 艾俊川. 严复的版权保卫战［EB/OL］.（2023-05-02）［2023-10-09］. http://www.360doc.com/content/23/0502/12/57917534_1078937131.shtml.

④ 史华兹. 寻求富强：严复与西方［M］. 叶凤美，译. 南京：江苏人民出版社，1996：128.

想的自由。正是这种对自由的深切渴望与失去自由的强烈感受，成为他翻译 *On Liberty*（今译为《论自由》[1]）的强烈动机。

英国古典自由主义思想家、逻辑学家、功利主义哲学家约翰·穆勒（John Stuart Mill，1806—1873）于 1859 年出版《论自由》一书。这是穆勒论述个性自由的经典之作，书中讨论公民自由或社会自由的性质和限度。穆勒认为，个人行为只要不涉及他人，就不必向社会负责交代。

1900 年，严复以《自繇释义》为题译出初稿。义和团运动时期，严复避往上海时译稿一度丢失。"此译成于庚子前，既脱稿而未删润，嗣而乱作，与群籍俱散失矣。"[2] 幸运的是，"适为西人所得，至癸卯春，邮以见还……呜呼！此稿既失复完"[3]。1903 年下半年，严复将失而复得的译稿"略加改削"，更改书名为《群己权界论》，交由商务印书馆出版。全书分为五章，即"引论""释思想言论自繇""释行己自繇明特操为民德之本""论国群小己权限之分界""论自繇大义之施行"。

对于译著书名为何要翻译成《群己权界论》而不是翻译成《论自由》，严复有自己的考虑。在《〈群己权界论〉译凡例》里，严复阐述了对"自由"的看法。他认为，人们要客观去看待自由，自由既不是洪水猛兽之邪说，也不能肆意滥用，必须明确个人与群体的权利界限，才能真正理解和应用自由的概念。严复在《译〈群己权界论〉自序》中写道："取旧译英人穆勒氏书，颜曰《群己权界论》，畀手民印板以行于世。夫自繇之说多矣，非穆勒是篇所能尽

---

① 下文除特别说明外，均用《论自由》指代穆勒著作 *On Liberty*。
② 严复.《群己权界论》译凡例 [M] // 王栻. 严复集. 北京：中华书局，1986：135.
③ 严复.《群己权界论》译凡例 [M] // 王栻. 严复集. 北京：中华书局，1986：135.

也。虽然，学者必明乎己与群之权界，而后自繇之说乃可用耳。"①
其实就该书内容论，穆勒的原著确实是在社会和个人之间划分权
限。译名《群己权界论》一语道破了原书的主题思想，严复所倡导
的自由与穆勒的自由不同，穆勒强调的是享乐主义的个人自由以及
各种各样行为的个人自由，与国家富强无关。

图 2-4　《群己权界论》书影

由于当时社会抨击自由的普遍风气，严复深知若将"自由"二
字直接标注于封面之上，可能不利于该理念的广泛传播和公众接
受。因此，他将《论自由》译为《群己权界论》，意在强调个人自
由与个性发展的重要性，同时更加注重国家整体与个人利益之间的
和谐平衡。他反对滥用自由，认为当自由涉及社会利益时，应转化
为对国家利益的考量，并期望人们能够以客观的态度看待和理解自
由的真谛。"权界"可以理解为权威与个人之间的边界。在严复看

---

① 严复. 译《群己权界论》自序 [M] // 王栻. 严复集. 北京：中华书局，1986：
131—132.

来，"人得自繇，而必以他人之自繇为界"①，严复借穆勒之名，向国人传达了自由创新、个人自由与社会责任的均衡、个人与社会之间的权益边界以及权利与自由的区分等观点，为当时政治、经济、文化等多个领域都带来了深刻的启示。

这本书除了《自序》和《译凡例》之外，正文中没有大量大段的按语，仅一百二十四个译者注，注释内容大多是提示下文，并没有像其他译著那样有大量按语渗透严复的思想，仅在《译凡例》中阐述了严复本人的自由观念。对于翻译的手法，《群己权界论》则是接近于"直译的意译"②。

穆勒以其流畅的英语而著称，他的作品大多微言大义，经常用于教学。这也不难理解为何严复在翻译时大部分采用保持原文内容、保持原文形式的翻译方法。当然，任何译者都有自己的理解视野和翻译目的，严复也不例外。严复的译文中存在一些不完全符合原文的地方，他有时会采用保留原文内容、不保留原文形式的翻译方法，或者调整翻译方法，来表达自己的思想。

在《自序》中，严复认为"原书文理颇深，意繁句重"，如果按照直译的方式，"必至难索解人，故不得不略为颠倒，此以中文译西书定法也"③。因此，他对《群己权界论》直译也只是相对的"直译"。

为了帮助中国士大夫理解艰深难懂的自由思想，严复使用佛理来解释深奥的西方自由主义观念，并解释人类自由的佛理境界。严复在《译凡例》中谈到了国人对于"自繇"观念的误解，认为liberty指的是"无挂碍"之意，即没有任何束缚。严复引用佛教的

---

① 严复.《群己权界论》译凡例 [M] //王栻. 严复集. 北京：中华书局，1986：132.

② 俞政. 严复著译研究 [M]. 苏州：苏州大学出版社，2003：208.

③ 严复.《群己权界论》译凡例 [M] //王栻. 严复集. 北京：中华书局，1986：134.

观点说："佛言：一切众生，皆转于物""能转物者，真自繇也""是以西哲又谓，真实完全自繇"。① 严复的意思是，所有生灵都被外物所影响和束缚，而能够超越和控制外物的人，才是真正的自由，西方的哲学家也称这种状态为真实和完全的自由。在严复的时代，"liberty"一般翻译为"公道"，讲究事事都要公平合理。但这种说法被严复否定了。

图 2-5　《群己权界论》书影

---

① 穆勒. 群己权界论［M］. 严复，译. 北京：商务印书馆，1981.

严复深知如果为了忠实原文而"直译"，必然会影响译文的传播和接受，于是他对很多词汇做了改变。为了克服中西语言、文化之间的沟壑，严复立足中国传统文化资源，以雅洁的文辞对应英文，沿用中国传统儒、道、法家文论中的经典理念，把 morality 译为"礼义"，出自《毛诗序》："礼义消亡，淫风大行。"把 public opinion 译为"清议"，出自《南史·宋武帝纪》："其犯乡论清议、赃污淫盗，一皆荡涤。"还把 rules 译为"典常"，出自《易·系辞传下》："初率其辞而揆其方，既有典常；苟非其人，道不虚行。"

严复调整文法结构，将英文的陈述句翻译成古文的"语录体"①；严复还讲究韵律与对仗，迎合了传统士大夫的审美与理解需求，一下子就拉近了与读者的距离，也便于让读者轻松接受他的思想。严复在翻译中西方词汇时，明显采用了归化的方式，缩小了中西文化的差异，使译文更贴近中国传统文化。

《群己权界论》出版后，在政治和经济领域产生巨大影响，对当时的政治格局和经济发展产生了正面效应，输入现代社会的自由、民主以及人权保护等价值观。

# 五、《社会通诠》

严复在第一次接触达尔文和斯宾塞的著作时，就热诚地信奉他们关于人类历史不断前进、进化的观点。斯宾塞教导严复用社会政治制度的有机发展来思考人类历史。孟德斯鸠分析中的静止本质促使严复寻找一本易于把握的小册子。这本小册子需要根据社会发展是普遍的、由低向高演进的观点，简明地叙述人类历史，以矫正孟

---

① 语录体作为一种记言的文体形式，诞生于先秦，《尚书》中有许多篇章记录先民言论和上古帝王谈话。语录体采取的形式有反问、自问自答、问答对话。

德斯鸠的观点。①

而这本小册子就是 1904 年严复翻译、夏曾佑作序的《社会通诠》。该书翻译自爱德华·甄克思（E. Jenks，1861—1939）在 1900 年出版的 *A Short History of Politics*（书名直译为《政治简史》②）。全书包括开宗、蛮夷社会、宗法社会、国家社会等四章，有按语十六则，夹注一百零二条。甄克思在书中用历史发展阶段的观点，把社会历史描绘成从图腾社会向宗法社会再向国家社会发展的过程。此书本是甄克思应"殿堂基础丛书"（*The Temple Primers*）编者之邀而撰写，该丛书涵盖文学、科学与艺术三大领域的主要学科，旨在以便捷经济之方式，提供通常只有卷帙浩繁、价格昂贵、一般读者无法问津的百科全书才会提供的知识。③

甄克思在书中概述了政治领域中的人类行为，通过比较人们想象的政治世界和真实世界之间的差异，普及政治常识，帮助社会了解政治发展的史实。在序言中，甄克思提到《政治简史》原本是受英国法学家波洛克（Frederick Pollock）勋爵的启发而作，旨在成为一本启发性的政治读物。曾经有人指责该书只是"小册子不足以谈论政治史"，甄克思否认了这一点，说明该书并非学术专著；而对于那些想要了解更多政治历史知识的读者，甄克思推荐阅读他的另一部著作《中世纪法律和政治》（*Law and Politics in the Middle Ages*）一书。

别人眼中的"小书"，在严复眼里却是"大物""通诠""须弥"。"通诠"是"贯通和诠释"之意，指对古籍或理论性读物的注

---

① 史华兹. 寻求富强：严复与西方 [M]. 叶凤美，译. 江苏人民出版社，1996：172.
② 下文中除特别说明外，均用《政治简史》指代甄克思原著。
③ 王宪民. 语言、翻译与政治——严复译《社会通诠》研究 [M]. 北京：北京大学出版社，2005：35.

解、诠释。"须弥"一词原是梵文音译，据佛教观念，它是诸山之王，世界的中心。显然，在严复看来，该书思路和文字合理而流畅，表达精简，意义博广，俨然不是"小书"。严复认为该书"自其粗简，以至精繁，使因果相生，厘然可指"①，俨然就是一部政治史。

《政治简史》虽说是短篇小册，但严复却对之寄予厚望，希望这本通俗的著作能为中国指明一条通往宪政民主政治文明的道路。他借助甄克思的理论框架，即图腾、宗法、国家三阶段论，探讨了中西社会发展的共通规律，并期望中国能遵循甄克思所述的现代国家进化路径。同时，严复大力宣扬自由、平等、民权等理念，与《天演论》中的进化论思想相呼应，强调人类社会与生物体在演化过程中的相似之处——都是由低级向高级发展。他特别指出，中国要摆脱宗法社会的束缚，迈向近代国家社会。

严复为何要翻译《政治简史》？面对义和团运动以后中国普遍存在的"排外""排满"等思想，严复百感交集。彼时的严复被任命为京师大学堂译书局总办，负责筹划指导全国译书事务。他深知中国政治欲有转机，必须有系统地翻译西方政史著作，帮助士大夫阶层认识人类社会发展的历程，学习西方文明国家的历史经验，从而使中国政治能够彻底改弦更张。② 严复"载理想之羽翼，而以达情感之音声也"③ ——蔡元培认为严复是为表示不赞成汉人排满的主张，才特译一部《社会通诠》。④《社会通诠》的大量发行及严复在思想界的影响，招致了以章太炎为代表的革命派的强烈攻击。章

① 严复. 读新译甄克思《社会通诠》[M] //王栻. 严复集. 北京：中华书局，1986：146.

② 王宪民. 语言、翻译与政治——严复译《社会通诠》研究 [M]. 北京：北京大学出版社，2005：232.

③ 严复. 与梁启超书 [M] //王栻. 严复集. 北京：中华书局，1986：516.

④ 蔡元培. 介绍西洋哲学要推严复为第一（1923 年）[M] //苏中立，涂光久. 百年严复——严复研究资料精选. 福州：福建人民出版社，2011：274.

太炎批评道，严复又译《社会通诠》，虽名通诠，实乃远西一往之论，于此土历史贯习，固有隔阂，而多引以裁断事情。[①] 章太炎质疑《社会通诠》的结论依据和社会学的方法，对甄克思所提出的社会发展阶段论在中国的适用性持有怀疑态度，指出中国传统社会不能简单以"宗法社会"概括。严复在《法意》的按语中提到，翻译《社会通诠》是为了弥补自己在政治知识结构上的缺憾，甄克思似乎起到了纠正孟德斯鸠分析中静止的、"不前进"的本质这一错误的作用。[②]

出版《社会通诠》时，严复与商务印书馆签订了中国近代第一份出版合同。合同约定双方为译书人严几道（严复）和商务印书馆，上面有严复和商务印书馆负责人张元济的亲笔签名；按合同约定，严复对印刷数量和质量享有监督权，版税按月收取。据《东方杂志》介绍，《社会通诠》每本定价"一元二角半"，严复"每部收净利墨洋五角"，版税率高达40％，获利颇丰，[③] 1911年5月，严复收到商务印书馆股息五千四百七十六银圆，这在当时是一笔非常可观的收入。"严复效应"和商务印书馆的金字招牌，让《社会通诠》销路长虹，市场上出现一书难求的现象，该书的盗版也屡屡出现，这些都从侧面说明了严复在当时社会的影响力。

## 六、《穆勒名学》

除了《群己权界论》外，严复还翻译了穆勒的另一部著作 A

---

① 章太炎.《菿汉微言》四十九［M］//章氏丛书（下册），台北：世界书局，1982：949.

② 史华兹.寻求富强：严复与西方［M］.叶凤美，译.南京：江苏人民出版社，1996：172.

③ 皮后锋.严复大传［M］.福州：福建人民出版社，2003：335.

*System of Logic，Ratiocinative and Inductive*①。该书于 1843 年问世，作为形式逻辑学的经典之作，原文包括了命题逻辑、演绎推理、归纳推理、归纳方法、诡辩术以及伦理科学的逻辑原理。在这部著作中，穆勒系统地提出了五种归纳方法，分别是契合法、差异法、契差并用法、剩余法以及共变法。该书对 19 世纪后半期至 20 世纪初的传统逻辑学影响很大，被称为"影响到全世界"的逻辑书。在穆勒看来，任何一般的规则都是许多特定实例的经验总结而成。他试图通过解决归纳与演绎的关系、精神科学的原则问题，构设经验成为知识基础的系统规则，使逻辑成为人与社会发展的精神文化载体。②

严复非常重视逻辑学的引进，并在许多译著中探讨了逻辑学的概念。穆勒的逻辑思想所体现的精神文化价值，恰好与严复的救国纲领相吻合。严复反思了中国传统思维的缺陷，试图通过引入逻辑学来纠正传统思维方式。针对中国人在使用"外籀"（演绎法）和"内籀"（归纳法）时存在的"不如法"的问题，他指出，必须掌握新的科学方法来扬弃传统文化。严复在给梁启超的信中提到，自己翻译《逻辑学体系》是因为考虑到当时中国正处于新旧交替的关头，翻译这本书是为了报效祖国，尽到国民的责任。

在 1900 年至 1905 年间，严复翻译了原著的半部，全译本约二十七万字，分为四个部分：绪论、名称和命题、演绎推理和归纳法。1905 年 1 月，该书由南京金粟斋木刻出版。粟斋是蒯光典刻书时使用的室名，而金粟斋译书处是指蒯光典于 1901 年至 1903 年间在上海设立的翻译出版机构。后人经常将"金粟斋译书处"简称为

---

① 下文除特别说明外，均用《逻辑学体系》指代穆勒著作 *A System of Logic，Ratiocinative and Inductive*。

② 宁莉娜. 论严复译介穆勒逻辑思想的文化关怀［J］. 哲学研究，2014（5）：121—126.

"金粟斋"。严复将原著书名译成《穆勒名学》。该书一经出版，便在中国掀起了学习名学和翻译名学的热潮。严复还举办了"名学讲演会"，吸引了许多社会名流，如张元济、郑孝胥、章太炎等都来听讲。

《穆勒名学》内容相当复杂。1901年10月13日，严复写信给张元济，信中称《穆勒名学》"中间道理真如牛毛茧丝。此书一出，其力能使中国旧理什九尽废，而人心得所用力之端；故虽劳苦，而愈译愈形得意。得蒙天助，明岁了此大业，真快事也。细思欧洲应译之书何限，而环顾所知，除一二人外，实无能胜其任者，来者难知，亦必二十年以往，顾可使心灰意懒，置其所至亟而从事其缓也哉"①。严复对《穆勒名学》寄予厚望，认为这本书一旦出版，其影响力将摧毁中国大部分旧有理论，为人们指明进一步奋斗的方向。因此，尽管翻译过程艰辛，严复越翻译越感到得意，以为是一件"快事"。严复自认为是少数能胜任翻译欧洲名著的人，他的翻译始终为一种"舍我其谁"的使命感所驱使，因此，虽然《穆勒名学》艰深复杂，他也不愿放弃这一紧迫的任务。冯友兰曾评价该书虽然名声很响，但是能够理解的人却很少，这也影响了该书的传播。也有学者认为，可能是因为《穆勒名学》无法让严复像其他著作那样针砭时弊，因此该书出版后，并没有像其他著作那样引起很大的社会反响。

在翻译《逻辑学体系》的同时，严复也在翻译《社会学研究》。在翻译后期，他的精力明显不足。1912年至1917年期间，严复本想继续翻译《逻辑学体系》，但不幸生病住院。他曾写道："思欲赓续其后半，乃人事卒卒，又老来精神荼短，惮用脑力。而穆勒书精深博大，非澄心渺虑无以将事，所以尚未逮也。"因此，该书的后

---

① 严复. 与张元济书［M］//王栻. 严复集. 北京：中华书局，1986：546.

半部始终没有被翻译出来，这也成为严复的一大遗憾。

## 七、《法意》

孟德斯鸠（C. L. S. Monesquieu，1689—1755）是法国启蒙思想家、法学家，1748 年出版《论法的精神》。孟德斯鸠在这部法学经典著作中以丰富的历史事实为根据，运用自由平等学说，采用社会学的方法，批判封建君主专制制度，反对宗教神学，揭示了法律的起源、形态、性质，以及法律和国家政治制度的关系。他提出的"三权分立"思想对西方政法制度产生了重要影响。

《论法的精神》是孟德斯鸠最重要的著作之一，"被誉为自亚里士多德之后第一部系统研究政治的著作，对世界各国资产阶级政治和法律制度的确立和完善发挥过巨大的推动作用"①。书中系统地论述了法律及政治观点，同时还涉及经济、宗教、地理环境等方面。该书出版后不到两年即印行二十二版，传播之广令人赞叹，同时该书也被翻译成多种文字，在全世界刮起一阵法学风。

《论法的精神》最初在中国的传播是通过日译本转译的。严复认为日文译本有许多错误。1904 年 10 月，严复在写给门人熊季廉（1879—1906）的信中说："鄙处近译，即是《万法精理》，其书致佳，惜原译无条不误。今特更译，定名《法意》，他日书出，当奉呈耳。"②

严复翻译的原本并不是孟德斯鸠的法语本原著，而是通过英文译本转译的。据考证，严复是根据纳琴特（Thomas Nugent）的英

---

① 庄驰原，肖维青. 严复《法意》的英文底本与翻译动机考辨［J］. 外语教学，2020，41（6）：98—102.

② 汪征鲁，方宝川，马勇. 严复全集（卷八）［M］. 福州：福建教育出版社，2014：177.

译本转译的①，该译本是 J. V. Prichard 增订，由伦敦的 George Bell & Sons 出版社出版。严复的中译本共七册，1904 年出三册，1905 年、1906 年、1907 年、1909 年各出一册，由商务印书馆出版，书中按语约三百三十条。现在常见的译本是商务印书馆 1981 年出版的"严译名著丛刊"中的《孟德斯鸠法意》。该书分上下两册，共有二十九卷（原著中的"章"翻译时改作"卷"）。

英文本原著有三十一卷，而为什么严复只译了二十九卷呢？严复认为原书的第三十章"法兰克人的封建法律理想和君主国的建立"、第三十一章"法兰克人的封建法律理论对他们的君主国的革命的关系"并不重要，便未译出。严复在《与熊纯如书》中提到，由于自己身体抱恙，因此也就很遗憾没有译完。

为什么严复要翻译《论法的精神》呢？原因在于，孟德斯鸠唾弃"君权神授"观念，认为体现人的理性的法律才是治国的根本，这与严复的家国观念和国家治理理念高度一致，引起了他的强烈共鸣。② 严复希望通过《论法的精神》的译介来引起国人对法律与立法的关注，来推动中国社会的变革，启发先进的中国人了解西洋各国之强盛的根本，即社会政治思想。同时，严复把《论法的精神》译成综合性著作，集法理、政治、生活于一体，影响巨大，流行甚广。严复的翻译历时六年，自 1909 年出齐后，到 1913 年已是第四次印刷，平均每年印刷一次。

在翻译过程中，严复增加了三百多条按语，使《法意》成为他的译著中按语最多的译本。在译文和按语中，严复强调了自由、平等、民主的政治思想，认为自由是中西政治制度和国家治理方式差

---

① 下文中除特别说明外，均用《论法的精神》指代纳琴特英译本。

② 温耀原. 从《法意》翻译案语观严复之法政思想 ［J］. 湖北大学学报（哲学社会科学版），2023（5）：123—131.

异的原因。中国传统社会缺乏对自由的认知，导致了专制、人治礼法合一。他提出从民力、民智、民德等三方面着手，通过发展经济和文化教育事业，鼓民力、开民智、新民德，培育新式国民，使国家逐步走上法治之路。

在这本书中，严复使用了大量的意译手法。例如他使用正向格义翻译，以中释西：用儒理、佛法比附 laws arising from the nature of things，即 natural law；用儒家的礼比附西方君主制精神中的 honor；用中国古代所谓"五礼"（吉、凶、军、宾、嘉）拟配西方的 laws of nations。介绍西方法律种类时，他也采用了格义方法，将西方的 law 格义为理、礼、法、制，把皇帝诏书与西方国家议院立法相匹配；他还使用了反向格义翻译法，即用西方哲学的概念和理论来研究中国传统的哲学思想，即以西释中。严复通过按语，进行中西互观，以中释西，以西释中，中西互释。①

严复的翻译词汇至今仍被广泛使用。例如，他把 monarch 译为"君主"，把 Sparta 译为"斯巴达"，把 Athens 译为"雅典"，把 Alexander the Great 译为"亚历山大大帝"，把 Washington 译为"华盛顿"。《法意》的出版，在我国产生了积极而深远的影响。清末改良派志士接触西方启蒙思想时，最引起他们注意的就是孟德斯鸠的君主立宪。辛亥革命之后的宪法、民法、刑法中，许多重要思想与孟德斯鸠的《论法的精神》皆有渊源。严复翻译的《法意》是近代西学东渐以来第一部西方政治和法律学说的启蒙书，开创了法律思想发展的新阶段。

---

① 王冬梅. 严译《法意》译名问题研究 [J]. 语言与法律研究，2022 (5)：120—136.

# 八、《名学浅说》

严复翻译的另一本逻辑学著作出自近代英国逻辑学家、经济学家和符号逻辑论者耶芳斯（William Stanley Jevons，1835—1882）之手。1876 年，当时的耶芳斯在曼彻斯特欧文学院教授逻辑学，并创作了 *Primer of Logic* 逻辑学教材，全书二十七章，共七个部分，涉及绪论、演绎逻辑、归纳逻辑等，书后附有复习题。

严复在自序中提到，"浪迹津沽，有女学生旌德吕氏（碧城）谆求授以此学"①。吕碧城是安徽旌德县人，近代女学教育的先驱，曾向严复请教逻辑学。严复读到 *Primer of Logic* 一书时，如获至宝，认为该书内容浅近，非常适合给学生做启蒙教材。1908 年秋天，严复花了短短两个月时间就将全书译完。严复把 logic 译为"名学"，把书名译为《名学启蒙》，后在商务印书馆出版时改名为《名学浅说》。

为了使《名学浅说》更加通俗易懂，严复翻译时在核心内容上遵循原书的意思，但在比喻和举例方面多用自己的理解和修改，"中间义旨，则承用原书；而所引喻设譬，则多用己意更易。盖吾之为书，取足喻人而已，谨合原文与否，所不论也"②。为了教学和传播西方思潮，推动当时民众对西方逻辑思想的认识，以及让学生更好地理解逻辑学的基础知识，严复在翻译过程中采用了更加审慎的手法，力求通俗易懂。他特意减少了按语的篇幅，仅设置了两条按语，这是他所有译著中按语最少的一部，就是为了帮助学生更好地掌握逻辑学的精髓。除了《名学浅说》，严复也翻译耶芳斯 1878

---

① 严复.《名学浅说》序［M］//王栻. 严复集. 北京：中华书局，1986：265.
② 严复.《名学浅说》序［M］//王栻. 严复集. 北京：中华书局，1986：265.

年出版的 *Primer of Political Economy*（严译书名为《计学浅说》）。

《名学浅说》以及《穆勒名学》这两部西方逻辑学名著的译介在近代中国思想发展史上具有重要理论意义。中国儒家学说长期重天道性命和伦理道德，而轻逻辑学。严复以独特的译述方法，将逻辑学作为富强而斗争的武器，对六经古训、九流、五行等中国传统旧学进行深刻犀利的批判，彰显除旧布新之义。

## 九、《支那教案论》

清朝末期，随着越来越多的外国传教士进入中国传教，他们与中国民众之间的摩擦和冲突愈演愈烈。1883 年，英国人宓克（Alexander Michie）担任伦敦《泰晤士报》驻华通讯员，后来成为李鸿章的幕僚。宓克关注到教案问题，并写了 *Missionaries in China* 一书，该书主要是针对传教士对冲突处置不当进行批判并对清末教案提出建议和解决方案，于 1892 年在伦敦的 Edward Stanford 出版社出版。

宓克对传教士提出尖锐而审慎的批评，认为传教士应该要学会变通，摈弃对中国的固执成见。面对教案纠纷，宓克认为传教士不应该依靠不平等条约和武力强行传教，因为这必然会引起民众的不满。书中还探讨中国民众对教案的态度以及排斥西方宗教的行为，指出这样做"终必祸延两国"①。

宓克全书共分四章及附录，总共一百一十二页。严复将其译为《支那教案论》。据皮后锋研究，严复翻译的版本可能是 1892 年天

---

① 严复.《支那教案论》提要［M］//王栻. 严复集. 北京：中华书局，1986：54.

津印字馆出版的版本。该版本没有伦敦版的导言部分，<sup>①</sup> 因此严复的译本正文部分没有引言。严复把前四页重新改写，并译为"发端篇"，其余依照原书翻译，分别为"政治篇""教事篇"及"调辑篇"三章。

《支那教案论》从探讨传教士来华所导致的问题以及对教案迭起的反思开始，分析了民教不和的原因。书中指出，西方传教士通过不平等条约和武力手段强行传播基督教，而反对传教士的声音主要由官绅阶层主导，普通民众往往被排除在外。书中批评了传教士对当地礼俗政教、文化信仰的肤浅理解，认为正是这种缺乏深入了解的做法激起了民众的反对情绪。最后，该书提出了解决这一冲突的根本途径，即传教士应当放弃条约所赋予的特权，以更加尊重和理解当地文化的方式传播教义。

原著还有四篇附录，但严复并没有翻译出来。严复的翻译大致能够传达内容要点，其译笔也保持了之前的风格，译文典雅、骈散交错，采用意译手法。对于与中国文化格格不入的内容，严复会删除；而对于需要增加解释的地方，他会增加按语。译文按语有九条，严复也通过添加按语来发表自己的看法。例如，他驳斥了传教士认为"中国无宗教"的说法，认为中国孝道和西方宗教所起的作用是一样的，并批判了传教士不谙政教等。

严复根据内容需要会增加概括性和提示性的内容。他为该书撰写了提要，介绍作者写该书的背景和教案发生的原因，帮助读者理解作者的意图和翻译的必要性。同时，严复也通过提要严厉批评绅士煽动民众反教："民愚吾不之责，而读书明理之士，独不当思患豫防，而谋所以纾君父之忧耶？至若断断然于夷夏之防，邪正之

---

① 皮后锋. 严复评传 [M]. 南京：南京大学出版社，2006：277.

辨，是则非吾之所敢知，而亦恐为作是书者之所窃笑已。"① 严复并不责怪普通民众的愚昧无知，但他认为读书明理的人应该预先考虑问题，为统治者分忧。如果只是一味迂腐地划分夷夏之别、邪正之理，只怕会招致他人的嘲笑。

严复翻译宓克的书，也是出于好友之情。在严复眼里，宓克是亲华友好人士，对待教案能比较客观评价并提出解决方案，严复还曾经翻译宓克在香港的演说稿《教案进事讲义》。1892年，宓克原著在天津印字馆出版不久后，李鸿章指示严复进行翻译，译著在甲午战争前后完成。

严复虽然赞同宓克的观点，但是他认为该书不是体例完整的学术著作，因此认为该书"只宜印作小书，取中流传足矣"②。后来，时任南洋公学译书院院长张元济于1899年间发现严译抄本，建议严复出版，该译稿才得以刊行面世。严复翻译 Missionaries in China 的突出贡献在于其发现了中国孝道的社会作用与西方社会里的基督教相似。③ 显而易见，严复对孝道这一代表性传统的价值观念持肯定的态度，对孝道寄予厚望，认为孝道的价值观念中蕴含的自我牺牲、自省的文化精神给民众提供无形的道义上的力量源泉。④ 同时，严复认同在中国传播基督教，认为有助于加强对民众的道德教育，也对宓克对教案的原因的分析表示认同。他反对民众暴力反教、"文明排外"论及民族主义，也旗帜鲜明地反对宓克建议清政府借助外国军队惩罚参与暴力反教的民众。在严复看来，这是中国

① 严复.《支那教案论》提要［M］//王栻.严复集.北京：中华书局，1986：55.
② 严复.与张元济书［M］//王栻.严复集.北京：中华书局，1986：525.
③ 史华兹.寻求富强：严复与西方［M］.叶凤美，译.南京：江苏人民出版社，1996：38.
④ 史华兹.寻求富强：严复与西方［M］.叶凤美，译.南京：江苏人民出版社，1996：37.

的内政问题，他的主张一如既往地彰显其救国图存和忠诚爱国的态度和立场。

严译《支那教案论》是珍贵的历史文献遗产，是研究近代中国与西方传教士问题的重要参考文献和资料。该书不仅是清季民、教冲突具有识见的时代观察者，也是近代中国教案史的研究解释的指针。①

## 十、《美术通诠》

严复是近代中国最早倡导"美术教育"（美学教育）的先行者之一。早在 1902 年任京师大学堂译书局总办时，严复就要求翻译美育等专门书籍。为了让教育界重视美育，1906 年初，严复担任中英文《寰球中国学生报》双月刊主编及总撰述时，可能是从英国或者上海别发洋行购买了英国学者倭斯弗（W. Basil Worsfold）于 1897 年出版的 *On the Exercise of Judgement in Literature* 一书。② 该书简要梳理了西方自古希腊到 19 世纪的经典文艺批评理论的发展与流变，探讨了文学批评的原理和运用。严复将书名译为《美术通诠》，只翻译前三章"艺术""文辞""古代鉴别"，在《寰球中国学生报》第三至六期连载。有学者认为，这可能是严复唯一一部文学理论译著，也可能是中国第一部西方现代文学理论译著。

严复选译 *On the Exercise of Judgement in Literature*，主要是因为该文篇幅短小、便于流传启蒙，这也是严复作为启蒙思想家选择译著的重要标准。严复的教育理念中强调美育与德育关系，希望

---

① 李金强. 严复与基督教——以《支那教案论》译著为个案探讨 [C] //黄瑞霖. 中国近代启蒙思想家——严复诞辰 150 周年纪念论文集. 北京：方志出版社，2004（1）：399—410.

② 皮后锋. 严译《美术通诠》及其英文原著 [J]. 学海，2021（6）：198—204.

通过美育改变国人的日常习惯和生活环境，塑造国民高尚优雅的精神风貌和豪放的心胸气度，从而自爱自信，不为外族所轻视，扭转近代中华文明的沉沦趋势。[①] 在译文按语中，严复解释道："此节所言，中国为分久矣。于其前者谓之学人，于其后者谓之文人，而二者皆知言之选也。前以思理胜，后以感情胜；前之事资于问学，后之事资于才气；前之为物毗于礼，后之为物毗于乐……斯宾塞尔曰：'渝民智者，必益其思理；厚民德者，必高其感情。'"[②] 严复引用斯宾塞的话，强调要改变人民的智慧，必须提升他们的理性思维；要增强人民的德行，必须提升他们的感性能力。这反映了严复对教育的全面理解，认为美育和德育应当相辅相成，共同促进国民素质的提高。

严复用"美术"一词对应 literature（文学）的翻译，与 literature 的原意大有出入。我们应该怎样理解严复的选择？"美术者何？曰托意写诚，是为美术"[③]，有学者认为，这一解释道破了严复的翻译意图，即通过"美术"来表达真实的情感和思想。严复翻译了自己感兴趣的艺术通论等部分，突出"美术"主题，提炼了倭斯弗建立在黑格尔美学基础上的文学、艺术观点，通过中国古典文论中"修辞立诚"观念的化用，让译文得以发挥沟通中西文论的作用。[④]

也有学者认为，严复只翻译该书的前三章，是因为前三章以"美术"为主题。"美术"是艺术的分支，如果从这三章的主要内容来看，用"美术"来做题目不仅符合严复的意图，也契合文章的主

---

① 皮后锋. 严译《美术通诠》及其英文原著［J］. 学海，2021（6）：198—204.

② 巴西尔·沃斯福尔德. 文学通诠［M］. 罗选民，译. 北京：商务印书馆，2021：137.

③ 巴西尔·沃斯福尔德. 文学通诠［M］. 罗选民，译. 北京：商务印书馆，2021：123.

④ 狄晨霞. 严复与中国文学观念的现代转型——以新见《美术通诠》底本为中心［J］. 复旦学报（社会科学版），2021（1）：26—36.

题思想。严复以"美术"一词为题，是对当时文艺学概念的一种补充和拓展，这样翻译的好处在于：严复可以在书中探讨倭斯弗对西方（特别是英国）文学各主要流派的观点，同时也能按照自己的意图兼顾美学阐述。这一翻译策略成功地为西方美学与文学理论搭建了一座桥梁，使二者得以相互融合，并在文学理论的框架下，强调了美育的核心价值。

该书成为当时中国人管窥西方文论乃至西方美学的枢纽，比起"文学"一词，"美术"一词更能表达严复提倡美育的想法。[①] 严复在他的许多译著如《原富》和《法意》中都探讨了美育的重要性。他分析了中国美育缺位的严重恶果，批判了中国传统教育忽视小说、词曲等创意文字，强调中国教育应该倡导美育。严复认为，国人应该认识美育的重要地位，从国族生存竞争的高度极力提倡美育。

严复翻译了一本文学理论书，但他采用"美术"一词的译法也增加学术界通过译名找到英文原著的难度。经过学界的努力，终于找到了《美术通诠》英文原著，填补了国内关于严复研究的一个空白。2021 年《美术通诠》原著由罗选民翻译出版，取名为《文学通诠》。

# 十一、《中国教育议》

卫西琴（Alfred Westharp），1882 年 10 月 16 日出生于德国柏林的一个犹太家庭；1907 年开始用笔名 Alfred Westarp 或 Alfred Westarp-Frendorf 发表文章；1913 年来到中国后，他以 Alfred

---

① 狄晨霞. 严复与中国文学观念的现代转型——以新见《美术通诠》底本为中心 [J]. 复旦学报（社会科学版），2021（1）：26—36.

Westharp 为名，并在报刊上署名"魏沙泼""韦斯哈""魏斯托哈顿""威士赫"等。由于对中国文化的崇拜，他自起中文名卫中，字西琴，卫中有保卫中国之意。

1914 年初，卫西琴带着 *Chinese Education：How East and West Meet* 一书亲自去见严复，请求严复帮忙翻译。严复在序里写道："吾与卫君，始不相识也，近者来见，辞气烦冤，谓其怀来，将以救一之亡。顾以所论投人，落落然徒见姗笑，而莫有合。"[①] 严复与卫西琴并不相识，但骤然来访的卫西琴言辞中充满了壮志未酬的烦闷，因其观点主张无人认同，徒招嘲笑。严复刚开始其实并不想翻译这本书，因为他晚年身体不好，同时在他看来，卫西琴目标虽宏大，但可能因不熟悉中国现实而难以真正深入地表达中国教育的现状。

转机出现在后来的一天。严复"一日晨起，取其《教育议》而读之，愈读乃愈惊异"。深入的阅读使严复改变了对卫西琴的偏见，严复发现，该书"顾极推尊孔氏，以异种殊化，居数千载之后，若得其用心。中间如倡成己之说，以破仿效与自由，谓教育之道，首官觉以达神明，以合于姚江知行合一之旨，真今日无弃之言也"[②]。

尽管卫西琴与严复在学术背景和文化取向上存在显著不同，在教育理念改革上也有不同的侧重点，严复还是对卫西琴关于个人能力培养和儒学在现代中国复兴中的重要性的观点表示赞同。卫西琴在其著作中提出，应以孔子的教义作为教育的基础，以此表达对孔子及其代表的中国传统文化的尊重。他对于 20 世纪初期中国对西方文化无选择性模仿的现象持批判态度，并主张中国的教育应该结

---

① 严复. 译卫西琴《中国教育议》序 [M] //王栻. 严复集. 北京：中华书局，1986：341.

② 严复. 译卫西琴《中国教育议》序 [M] //王栻. 严复集. 北京：中华书局，1986：341.

合中西方的精华。此外，卫西琴还提倡在中国建立独立自主的教育体系，并介绍了蒙特梭利的教育心理学理念。

严复对卫西琴的教育观念持谨慎态度，但认为这本书以其通俗易懂的内容，展现了卫西琴教育思想的实用性和启发性，他坚信这些理念对中国当时的教育体系有着不可忽视的借鉴意义。该书呼吁重视"美术教育"（美育），这与严复希望中国重视本国的传统艺术以及提倡美育的理念不谋而合。该书倡导一种"动态"的科学教育模式，着重指出身体和心理活动在教育过程中的重要性。它认为，实现精神与物质的和谐统一，达到自然与人文的融合，才是引领中国教育走向未来的关键。这种共识可能也是促使严复协助卫西琴完成翻译工作的原因之一。

1914 年，*Chinese Education：How East and West Meet* 在梁启超主办的《庸言》上发表，严复将其译为《中国教育议》，并加上了副题"论东西二洋教育所以汇合之术"。1914 年 1 月 10 日，严复译完该书，并将其"呈北京中国教育会"，供专家讨论。该译著出版时"颇为士林瞩目"，引起学术界和教育界的关注。

得益于严复的影响力和身处近代中国教育转型期，卫西琴在中国教育界、思想界也声名大噪。卫西琴后来又写了本《中国新教育议》，仍请严复翻译，但严复因为年岁已高婉拒了，推荐王云五来翻译。卫西琴的教育理念在严复的翻译下曾广为人知，但是由于其教育理念并不完全适用于彼时中国社会，其影响也只是昙花一现。《中国教育议》是严复最后一部译作，也为严复的翻译生涯画上了完美的句号。

# 第二节　译事谨慎

　　"一名之立，旬月踟蹰"生动反映了严复认真翻译的态度。他在翻译中所使用的字词和标题，都是经过认真严肃的考量的。严复对自己的翻译始终秉承着"严要求高标准"，遇到深奥的内容时，总是反复揣摩，不断修改。严复对文句之讲究、译事之谨慎，都值得后人学习。严复以其"雄笔"和"追幽凿险"的开拓精神，赋予很多词汇新的生命，让社会达尔文主义、自由主义、资本主义、逻辑学等西方思想之花在中国土地上盛开，启发民智，影响了一代有识之士，推动了社会的发展。

　　严复翻译的宗旨有四点："一曰开瀹民智，不主故常；二曰敦崇朴学，以棳贫弱；三曰借鉴他山，力求进步；四曰正名定义，以杜杂庞。"[①] 通过翻译《天演论》，严复宣扬世道必变、自强保种，向国人敲响祖国危亡的警钟；翻译《群学肄言》，旨在"纠当时政客的不学"[②]；翻译《原富》是"所驳斥者多中吾国自古以来言利理财之家病痛，故复当日选译特取是书"[③]；翻译《法意》是传播法律哲学，引起国人对法律与立法的关注，来推动中国社会的变革。

　　翻译是一件苦差事，严复积年累月，耗心费力。然而，为了启

---

　　① 严复. 京师大学堂译书局章程［M］//王栻. 严复集. 北京：中华书局，1986：130.

　　② 蔡元培. 介绍西洋哲学要推严复为第一（1923年）［M］//苏中立，涂光久. 百年严复——严复研究资料精选. 福州：福建人民出版社，2011：274.

　　③ 严复. 与张元济书［M］//王栻. 严复集. 北京：中华书局，1986：533.

蒙民智，传播新说，严复"闵同国之人，于新理过于蒙昧，发愿立誓"①。他勤苦译书，逐渐改变了新学不立、民智不启的落后状况。严复在《天演论》自序中写道："风气渐通，士知弇陋为耻。而西学之事，向途日多。然亦有一二巨子，訑然谓彼之所精，不外象数形下之末；彼之所务，不越功利之间。逞臆为谈，不咨其实。讨论国闻，审敌自镜之道，又断断乎不如是也。"② 随着严复译著的出版与传播，社会鄙薄西学的风气得到一定改善，但仍有人认为西学只务功利、不求实际。翻译对严复来说，是托译言志的事业，他旁征博引，针砭时弊，呼吁改革，以"专心译书以饷一世人"③ 的精神为中国富强而努力，表现出高度的社会责任感。他的译著追求让"读者易知，学者不误"④。虽然翻译书目有限，但广泛涉及逻辑学、社会学、法学、政治学、哲学、经济学等西学著作。蔡元培认为严复的翻译"很慎重，常常加入纠正或证明的按语，都是很难得"⑤。每本译著都倾注着严复的用意和关注，这也是严译的一大特色。

严复的翻译态度非常严谨，翻译《天演论》等著作，他会请当时桐城派大师吴汝纶审阅他的译稿并为他的译作写序。吴汝纶对严译大为赞许，"一读即窥深处。盖不徒斧落徽引，受裨益于文字间也"⑥，总能使其受益。尽管严复的翻译水平尚未达到晋唐时期名家的高度，但他的翻译技艺在吴汝纶的指导和帮助下不断提升。吴汝纶对严复的才华和态度给予了极高的评价，称赞他"虚怀谦挹，勤

---

① 严复. 与张元济书［M］//王栻. 严复集. 北京：中华书局，1986：527.

② 严复.《天演论》自序［M］//王栻. 严复集. 北京：中华书局，1986：1321.

③ 严复. 与张元济书［M］//王栻. 严复集. 北京：中华书局，1986：525.

④ 严复. 与张元济书［M］//王栻. 严复集. 北京：中华书局，1986：525.

⑤ 蔡元培. 介绍西洋哲学要推严复为第一（1923年）［M］//苏中立，涂光久. 百年严复——严复研究资料精选. 福州：福建人民出版社，2011：274.

⑥ 严复.《群学肄言》译言赘语［M］//王栻. 严复集. 北京：中华书局，1986：126—127.

勤下问，不自满假"①，赞赏他的译著"集中西之长"，读他的书就如同"刘先主之得荆州"②。

严复也得"桐城"之道，在翻译中强调译文的文言格式，好用整齐句子，篇幅精短，让译文紧散有律，富有节奏感，掷地有声。严复是译述法的先驱。所谓译述法，就是不严格按照原文翻译，而对原文的内容增删并加以叙述。如果把严复的译文和《天演论》原文比对，读者就会发现原文和译文存在许多差异。严复把《天演论》的翻译方式称为"达旨"，达其"救亡图存"的宗旨。《天演论》堪称译述法的典型代表。翻译策略上，为了拉近与士大夫读者的距离，译文将原书中某些中国人不熟悉的例子换成中国典故，以中国古语"天造草昧"译西方名词"state of nature"；转换叙事视角，把原文的第一人称翻译成第三人称"赫胥黎"。《天演论》英文原文与严复译文具体差异可见下文：

（原文）It may be safely assumed that，two thousand years ago，before Caesar set foot in southern Britain，the whole country-side visible from the windows of the room in which I write，was in what is called "the state of nature". Except，it may be，by raising a few sepulchral mounds，such as those which still，here and there，break the flowing contours of the downs，man's hands had made no mark upon it.③

---

① 吴汝纶. 关于翻译问题致严复书（1896—1901）［M］//苏中立，涂光久. 百年严复——严复研究资料精选. 福州：福建人民出版社，2011：212.

② 吴汝纶. 关于翻译问题致严复书（1896—1901）［M］//苏中立，涂光久. 百年严复——严复研究资料精选. 福州：福建人民出版社，2011：210.

③ 托马斯·赫胥黎. 天演论：英汉对照［M］. 严复，译. 上海：世界图书出版公司，2012：15.

（严译）赫胥黎独处一室之中，在英伦之南，背山而面野。槛外诸境，历历如在几下。乃悬想二千年前，当罗马大将恺彻未到时，此间有何景物。计惟有天造草昧，人功未施，其借征人境者，不过几处荒坟，散见坡陀起伏间。[①]

（严译今解）赫胥黎独自待在房间里，这个房间位于英国的南部，背靠着山，面向着田野。窗外的各种景色清晰得就像摆在桌前一样。于是他开始想象两千年前，当罗马大将恺撒还没有到来的时候，这里会是什么样的景象。想来那时候只有大自然原始的风貌，人类还没有进行任何开发，那些能够证明人类活动的地方，不过是几处散落在起伏的山坡上的荒凉坟墓。

翻译手法上，严复师法先秦字法、句法遣词造句，采用《论语》《后汉书》《庄子》等经典作品中的词汇。如在翻译《政治简史》三种社会发展的形式时，把 telescope 译成"璇玑"，璇玑是古代观测天象的仪器，取自《后汉书·张衡传》"（张衡）遂乃研核阴阳，妙尽璇玑之正，作浑天仪"；"廓落"取自《尔雅》，意思是广大辽阔的样子；"爝火"取自《庄子·逍遥游》："日月出矣，而爝火不熄；其于光也，不亦难乎！"在翻译中，严复常以"不佞"自称，该词取自《左传·昭公二十五年》："不佞不能与二三子同心，而以为皆有罪。"鲁迅也因此称呼严复为"不佞先生"。

《社会通诠》英文原文与严复译文具体情况如下：

（原文）But we shall endeavour to trace a *normal course* for the development of societies，a course which every community

---

① 托马斯·赫胥黎. 天演论：英汉对照［M］. 严复，译. 上海：世界图书出版公司，2012：59.

tends to follow，unless deflected from its natural path by special circumstances. It is the fashion to scoff at such attempts，and，doubtless，there is a danger in "general views." But there is，likewise，a danger in specialization；and a man who uses the microscope only，loses the treasures revealed by the telescope. It is a wise ideal of study：to know something of everything，and everything of something.[①]

（严译）盖社会之为物，既立则有必趋之势，必循之轨，即或不然，亦必有特别原因之可论，其为至赜而不可乱如此。顾不佞欲以区区一卷之书，尽其大理，议者将谓其多廓落之谈，而无与于其学之精要。虽然，吾往者不既云乎：学之为道，有通有微，通者，了远之璇玑也；微者，显微之测验也。通之失在肤，微之失在狭，故爝火可烁室而不可以觇敌，明月利望远而不可以细书，是亦在用之何如耳。彼徒执显微之管以观物者，又乌识璇玑之为用大乎？善夫吾师之言曰："后世科各为学，欲并举众科，科诣其极，人道所必不能者也。惟于所有诸科，各得其一二，而于一二之科，则罄其所有，此生今学者所必由之途术也。"意读者欲于治制之科得其一二者乎？则不佞是篇，或有当也。[②]

（严译今解）社会这个东西，一旦形成，就有其必然的发展趋势和遵循的规律，即使不是这样，也一定有特别的原因可以讨论，它的复杂性是如此之高，以至于不能混乱。不过我（"不佞"是严复的谦称）想用仅仅一本书的篇幅，来完全阐述

---

① 王宪明. 语言翻译与政治：严复译《社会通诠》研究 [M]. 北京：北京大学出版社，2005：283.

② 王宪明. 语言翻译与政治：严复译《社会通诠》研究 [M]. 北京：北京大学出版社，2005：278.

这些大道理，评论者可能会认为我的话过于空泛，而没有触及学术的精髓。尽管如此，我之前不是已经说过吗：学术的道路，有宏观的也有微观的，宏观的，是理解远处的精密仪器；微观的，是显现细微之处的测试。宏观的失误在于表面化，微观的失误在于狭隘，所以小火可以照亮房间但不能用来侦察敌人，明亮的月光有利于远望但不能用来精细书写，这也取决于如何使用它们。那些只拿着显微镜观察事物的人，又怎能理解精密仪器的大用途呢？我的老师说得好："后来的学科各自成为一门学问，想要同时精通所有的学科，达到极致，这在人的能力上是不可能做到的。只有在所有学科中，各自掌握其中的一两项，然后在这一两项学科中，投入全部的精力，这是当今学者必须遵循的道路和方法。"如果读者想要在治理制度的学科中掌握一两项，那么我这篇文章，或许有所帮助。

严复还非常喜欢使用按语，"其于是书，多所注释匡订，今求其善者附译之，以为后案。不佞间亦杂取他家之说，参合己见，以相发明，温故知新，取与好学深思者，备扬榷讨论之资云尔"[1]。他在《原富》中采用注释加按语的方式前后互文，厘清很多难懂的词汇，对原文难点添加评析，采集各家之言。严复在翻译过程中加入三百多条按语，共计六万字左右。他曾解释："每见斯密之言于时事有关合者，或于己意有所枨触，辄为案论，丁宁反复，不自觉其言之长而辞之激也。"[2] "列入后案，以资参考。"[3] 当亚当·斯密的言论与时事相关时，严复更会忍不住进行分析和讨论，触动所思，言辞愈多，按语也愈长。严复对经济自由主义学说，包括分工理

---

① 严复. 译斯氏《计学》例言 [M] // 王栻. 严复集. 北京：中华书局，1986：101.
② 严复. 译斯氏《计学》例言 [M] // 王栻. 严复集. 北京：中华书局，1986：101.
③ 严复. 天演论译例言 [M] // 王栻. 严复集. 北京：中华书局，1986：1322.

论、货币理论、价值论、分配理论、资本积累理论、税赋理论等方面存在的问题，借用中国经济学思想添加许多自己的看法，或借题发挥，"无中生有"。《原富》英文原文与严复译著按语具体情况如下：

（原文）By the money-price of goods，it is to be observed，I understand always the quantity of pure gold or silver for which they are sold，without any regard to the denomination of the coin. Six shillings and eight pence，for example，in the time of Edward I.，I consider as the same money-price with a pound sterling in the present times；because it contained，as nearly as we can judge，the same quantity of pure silver.[①]

（严按）……英法二国泉币，古皆用银，而以一磅为单位。此犹古黄金之称斤，今纹银之称两，皆以重行也，未尝以一磅为造币者。造币初制，乃取银一磅，析之造二百四十枚，号便士，而总十二便士名先令，由是而二十先令为一磅。曰先令，曰磅，皆总便士之数，以重为名，无专币也。洎元大德四年……几尼初制，以当二十先令，犹今之金镑……为二十一先令，而三镑十七先令十便士半者，为法金之局价……此英用金为准独先诸国所由然也。然法偿定制，至一千八百一十六年始立……粗而言之，十二分之十一为净金耳……[②]

（按语今解）……现在来看英法两国的货币，古时都是用银子，以一磅为单位。这就像古时的黄金以斤为单位，现在的

---

① 亚当·斯密. 国富论：英汉对照 [M]. 严复，译. 上海：世界图书出版公司，2012：50.

② 亚当·斯密. 国富论：英汉对照 [M]. 严复，译. 上海：世界图书出版公司，2012：60.

银子以两为单位，都是以重量为单位，从未有以一磅为单位来铸币的。铸币最初的制度，是取一磅银子，分割成二百四十枚，称为便士，十二便士为一先令，由此二十先令就是一磅。无论是先令还是磅，都是便士的总数，以重量为名称，没有专门的货币。直到元朝大德四年……几尼最初制造时，相当于二十先令，就像现在的金镑……为二十一个先令，而三镑十七先令十便士半，是法国金币的固定价格……这是英国以金为标准，独自领先其他国家的原因。然而法偿制度，直到 1816 年才开始……大致来说，十二分之十一是净金……

严复在翻译《原富》时，对英制的真值市价、货币单位及其历史演变添加按语，对"磅""几尼""先令"等货币单位的价值进行了详细解释，按语比翻译还长三倍（因篇幅关系没有全列出），而且，其按语中还套有六点注释。严复希望通过文雅的古文和长篇累牍的解释，获得士大夫们青睐，通过潜移默化的启蒙，让西方资产阶级古典经济学原理深入人心，普及西方经济学知识，从而让博大精深的经济学知识对中国的知识界产生心灵的震撼。

严复博学中西，在翻译 individual 时，会根据不同的语境赋予不同的含义。当原著讨论个人与社会、国家的关系时，严复把 individual 译为"小己"，以弱化个性的重要性。当强调个性的重要性时，严复将 individual 译为"特操异撰之士"，希望个人成为道德示范的正面形象。严复强调重国群轻己权。在重视国家和社会群体的基础上，他主张个人自由与社会责任之间保持平衡关系。现以其翻译《论自由》为例：

（原文）What, then, is the rightful limit to the sovereignty of the individual over himself? Where does the authority of society begin? How much of human life should be assigned to individuality, and how much to society?

Each will receive its proper share, if each has that which more particularly concerns it. To individuality should belong the part of life in which it is chiefly the individual that is interested; to society, the part which chiefly interests society.①

（严译）然则自公理大道言，小己自治之权，宜于何时而止？而其身所受治于国群者，宜于何时而起乎？一民之生，何者宜听其自谋？何者宜遵其群之法度？是之分界，固必有其可言者。

曰使小己与国群，各事其所有事，则二者权力之分界，亦易明也。总之，凡事吉凶祸福，不出其人之一身。抑关于一己为最切者，宜听其人之自谋，而利害或涉于他人，则其人宜受国家之节制，是亦文明通义也已。②

（严译今解）然而，从公理大道来看，小己的自治权应该在何时停止呢？而其所受到的国群治理，应该在何时开始呢？一个人的生活，什么时候应该听从他自己的决策？什么时候应该遵守群体的规定？这个分界线，必然有值得讨论的地方。

让小己和国群各自处理自己的事务，那么两者权力的分界线也就容易明确了。总之，所有关系到个人吉凶祸福的事，都不会超出个人的范围，或者关于个人最关切的事，应该由个人自主决策。如果事情的利害关系涉及他人，那么个人应该受到国家的约束，这也是文明社会普遍适用的道理与法则。

---

① 穆勒. 论自由：英汉对照 [M]. 严复，译. 上海：世界图书出版公司，2012：170.
② 穆勒. 论自由：英汉对照 [M]. 严复，译. 上海：世界图书出版公司，2012：195.

　　仔细阅读严复的翻译作品，我们不难发现，严复正是凭借他的专业知识和用心的态度，深得封建士大夫们的青睐，他的翻译成就不是一蹴而就，这背后离不开他长年累月的持续努力和对每个细节都追求完美的执着。他采用贴近实际、易于理解的方式翻译西学，既符合当时社会的发展需求，也促进了新学西学思想的传播。

第三章

# 严复的思想

严复的一生都致力于国家的繁荣和民族的复兴。他的译著不仅是对西方文化的引介，更是对当时中国现实问题的深入反思；不仅是文字的转换，更是对中西文化的深刻理解和对中国现实问题的敏锐洞察的重要体现。通过译著，他向国人展示了西方先进的政治理念、经济制度和教育思想，并结合当时中国的实际情况，对这些理念进行了深入的反思和创造性的转化。

回顾严复的人生经历和翻译作品，我们不难发现他在政治、经济、教育等领域都有着深刻的思考和独到的见解。这些思想不仅体现了严复对时代变迁的敏锐洞察和深沉思考，也为今天的我们提供了宝贵的启示和借鉴。在接下来的章节中，我们将通过具体的历史事件，比勘严复译著作品中部分译文与英文原著，并结合其政论文，拨开历史的迷雾，得见其政治、经济和教育等思想的源头，以及在中西交汇中如何匠心独运，借异国智慧进行深沉的道路思考。

# 第一节　政治思想

严复的一生见证了许多历史事件，他的思想形成与他的经历有着紧密的联系。

1867年，沈葆桢接任船政大臣，掌理轮船制造等事宜。1871年12月，琉球国的一艘贡船在台湾海域遭遇风暴，部分船员被当地人杀害，幸存的船员被清政府护送回国。日本政府却以此为由，在 1874 年 5 月 10 日派兵占领台湾琅峤，建立都督府。为处理这一争端，清政府派沈葆桢前往台湾。其间，严复随同沈葆桢等人测量了台东旗来各海口的地理情况，为中国台湾的海岸线划定做出了历史性贡献。①

1884 年 7 月 12 日，法国军舰在孤拔的率领下悄悄驶入马江军港。尽管清政府预感不妙，却命令福建水师"不得先行开火，违者严惩"。在这样的束缚下，福建水师只能眼睁睁看着法军做好战斗准备。后来，闽浙总督何璟在收到法国即将开战的通知后，仍然对福建水师官兵封锁这一消息，并希望法军延期开战。最终，在 8 月 23 日爆发的马江海战中，福建水师在短短半小时内全军覆没，严复也失去了好友吕翰和许寿山。

1894 年，朝鲜东学党起义爆发，清政府驻朝大臣袁世凯多次发电请求派兵协助镇压。李鸿章随即派直隶提督叶志超率领一千五百名士兵前往朝鲜。日本得知这一消息后，派出了五千名士兵前往朝鲜。中日之间最终开战。由于清政府的腐败和军事上的落后，北洋水师虽奋力抵抗，但最终还是全军覆没。船政后学堂的毕业生、严复的同班同学邓世昌在这场战争中英勇牺牲。还有许多与邓世昌志同道合的同学们，为了共同的理念，也献出了自己的生命。他们中的许多人来自严复的故乡，展现了无比的勇气和坚定的信念。

另外两位杰出的将领同样值得赞誉。一位是左翼总兵兼管中营事的林泰曾，另一位是右翼总兵兼管中营事的刘步蟾。这两位将领不仅英勇善战，更是对海军建设有着深刻的理解和独到的见解。

林泰曾作为"镇远"号铁甲舰的管带，不仅指挥得力，而且在舰队的日常管理和维护上也下足了功夫。他深知海军力量的重要性，因此在战舰的升级改造、人员培训等方面都付出了极大的努力，

---

① 王岗峰. 福州三坊七巷与台海关系研究［J］. 中国名城，2013（02）：56—59、66.

使得"镇远"号铁甲舰在多次战役中都能发挥出强大的战斗力。

刘步蟾作为"定远"号铁甲舰的管带，同样在海军建设中做出了杰出的贡献。他注重战舰的战术运用和协同作战能力的培养，使得"定远"号铁甲舰在战场上能够与其他战舰紧密配合，形成强大的战斗力。同时，他也十分注重舰员的素质提升，通过严格的训练和考核，打造出一支高素质的舰员队伍。

值得一提的是，林泰曾和刘步蟾都是福建籍的将领，他们不仅在中国海军建设中取得了卓越的成就，更为家乡福建增添了无尽的荣耀。正是他们这代海军先辈的辛勤付出和不懈努力，使得中国海军在世界上崭露头角，赢得了广泛的赞誉。可以说，中国海军的建设历程对严复政治思想的形成产生了深刻的影响。它不仅为严复提供了思考国家未来和命运的现实基础，也推动了他的政治思想变革，并在文化观念和教育理念的形成中留下了深刻的烙印。

1898 年，以康有为、梁启超为首的维新派人士积极发起了一场具有深远影响的戊戌变法运动。这场运动以光绪帝为核心，旨在倡导学习西方先进知识，推崇科学文化，对政治和教育制度进行深度改革，并致力于发展农业、工业和商业，以此推动中国资产阶级的改良进程。在这一时期，严复在天津创立了《国闻报》，它迅速成为维新派思想传播的重要平台。他发表的一系列文章，特别是《天演论》，犹如一声惊雷，震撼了当时的社会。严复的政治思想和主张在当时的政治和社会环境中起到了举足轻重的推动作用，不仅推动了中国现代化的进程，更在思想层面为中国的启蒙救国注入了新的活力，产生了深远而持久的影响。

## 一、严复与其期盼的君主立宪制

严复留英期间，对英国社会制度饶有兴致。在深入法院庭审的现场观摩中，他对英国司法体系展现出的独特景象产生了浓厚的兴趣。他惊奇地发现，无论是庄严的法官还是身陷囹圄的犯人，都享有在此公正场合发言的权利。尤其令人瞩目的是，犯人不仅被赋予了坐下的尊严，而且能够自由地陈述自己的观点，更有权寻求专业律师的协助，为自己进行有力的辩护。这与当时中国的"三司会审"有着天壤之别。在目睹了英国先进的司法制度后。他得到启示：在英国，资本主义的兴起和发展以及海外贸易和殖民掠夺的推动，使得传统部门迅速壮大，出现了以资本为中心的手工工场，这一切都得益于公正合理的司法制度。同时，他也意识到中国自秦朝以来的封建政体制度限制了个人和社会的发展。要发展，改革刻不容缓。如何改革？如何推进改革？答案或许就隐藏在君主立宪制这一政治模式中。严复是坚定的君主立宪制的拥护者，他认为这一制度不仅代表着稳定与秩序，更代表着民主与进步的可能。因此，他将君主立宪制视为改革的出路，这一想法恰恰是出于他对中国历史的尊重，对中国未来的期许。

关于君主立宪制，我们需要"远渡重洋"，深入欧洲的心脏地带，来到历史悠久的英国。这个国家以其独特的政治体系为君主立宪制树立了鲜明的旗帜。1688 年，英国发生了政变，资产阶级革命推翻了封建君主专制，这次政变史称"光荣革命"①。光荣革命以后，议会的权力大增，资产阶级和新贵族领导的议会通过了一系列旨在限制国王权力的法案，其中，1689 年颁布的《权利法案》为限制王权筑起了一道坚实的法律防线。随着时间的推移，英国议会的权势逐渐凌驾于国王之上，君主立宪制的轮廓日益清晰。在这一制度下，议会成为国家的最高立法与权力机构，它由民众选举产生

---

① 英国光荣革命（Glorious Revolution）是 1688 年英国资产阶级和新贵族发动的推翻詹姆斯二世的统治、防止天主教复辟的非暴力政变。这场革命没有发生流血冲突，因此历史学家将其称为"光荣革命"。

的议员组成，代表广大选民行使着国家的最高权力。内阁则紧握行政大权，但始终置身于议会的监督之下，对议会负责。而君主，则成为国家权力的象征性存在，其地位虽尊，却已"统而不治"。资产阶级通过议会实现了对国家事务的集体统治，从而有效地防范了专制独裁的再现。这一制度为各国的政治发展带来了深远的影响。

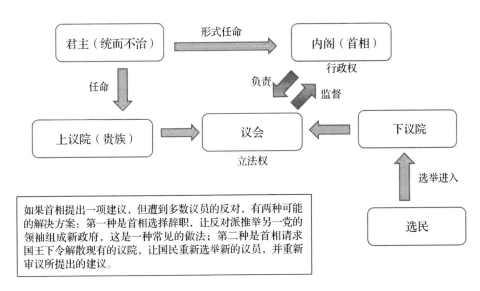

图 3-1  英国君主立宪制概略图

民主，英语为 democracy，实际上源于古希腊文 $\delta\eta\mu o\kappa\rho\tau\iota\alpha$，拉丁拼音的对应写法为"democratia"。demo 为 people（人民），cratia 为 rule、power（统治或权力），democracy 即衍生出"人民的统治"之意。[①] 从近代到当代，democracy 的意义并未发生实质性变化，人民（或民选代表）统治以及民权（包括社会地位平等和政治决策权）一直都是核心意涵。

孟德斯鸠在《论法的精神》中写道：

---

① 马叙伦. 啸天庐政学通义［J］. 国粹学报，1905（20）：5—6.

（原文）In a republic when the people as a body have sove-reign power, it is a democracy. When the sovereign power is in the hands of a part of the people, it is called an aristocracy.[①]

（严译）公治之制，更分二别：曰庶建，曰贤政。庶建乃真民主，以通国全体之民，操其无上主权者也。贤政者，以一部分之国民，操其无上主权者也。[②]

（严译今解）公治制度，再分为二：庶建和贤政。庶建是真正的民主，全国民众掌握最高权力。贤政是部分国民掌握最高权力。

具体来说，它提到了两种政治制度：庶建和贤政。

这是对两种制度的分析，此处严复将 democracy 翻译成庶建，他提出庶建是真正的民主，就是将 sovereign power（无上主权）交给全国所有的民众，让他们共同决定国家的政策和方向。与其对应的是一部分人享有治国的权利，这些人就是 aristocracy（贵族）。贤政与庶建不同，贤政将无上主权交给某一特定部分的国民，这种制度下，国家的主权也应掌握在那些被认为有才能、有品德的人手中。即使是贵族，也应该是德才兼备的人才能享有权力。

关于宪法的说法，最早可见于严复 1901 年为《日本宪法义解》（伊藤博文著，沈纮译）中文译本所撰写的序言中。此后，严复分别在 1901 年的《斯密亚丹传》、1902 年的《主客平议》、1903 年的《〈群己权界论〉译凡例》、1905 年的《原败》、1906 年的《一千九百五年寰瀛大事总述》等文章中提及关于宪法的概念。在严复的学术宝库中，最早详细介绍宪法思想和理论的著作是 1906 年发表在

---

① Montesquieu. *The Spirit of the Laws* [M]. Cambridge: Cambridge University Press, 1988: 10.

② 孟德斯鸠. 法意 [M]. 严复, 译. 北京: 商务印书馆, 1981: 11—12.

《外交报》上的《论英国宪政两权未尝分立》，以及同年在上海的演讲稿《政治讲义》、在安徽高等学堂的演讲稿《宪法大义》，和从1906年开始陆续出版的《法意》按语等。① 由此可见，严复在清政府宣布预备立宪的前后开始对宪法进行较为完整的译介、著述和演讲。例如严复在演讲稿《宪法大义》中提及：

> 宪法西文曰 Constitution，此为悬意名物字，由云谓字 Constitute 而来。其义本为建立合成之事，故不独国家可以言之，即一切动植物体，乃至局社官司，凡有体段形干可言者，皆有 Constitution。②
>
> （严文今解）"宪法"在西方语言中为 constitution，这是一个抽象名词，来源于动词 constitute。它的本义是指建立和合成的事，因此不仅国家可以用这个词来描述，甚至一切有组织的动植物、机构和团体，都可以用 constitution 来表示。这些组织或机构的"宪法"，即它们的组织章程或规则，规定了它们的建立、组成和运作方式。

在孟德斯鸠的《论法的精神》中可见关于这部分的描述：

> （原文）There are three kinds of government：REPUBLICAN，MONARCHICAL，and DESPOTIC. To discover the nature of each, the idea of them held by the least educated of men is sufficient. I assume three definitions，or rather，three

---

① 严复对于中国立宪政治的关心，集中体现在他对议会的执着讨论中，代表性作品包括：1905—1906 年所作的《政治讲义》一书和 1906 年发表在《外交报》上的《论英国宪政两权未尝分立》《续论英国宪政两权未尝分立》两篇文章。

② 严复. 宪法大议 1906 [M] //王栻. 严复集. 北京：中华书局，1986：239.

facts: one, republican government is that in which the people as a body, or only a part of the people, have sovereign power; monarchical government is that in which one alone governs, but by fixed and established laws; whereas, in despotic government, one alone, without law and without rule, draws everything along by his will and his caprices.①

（严译）治国政府，其形质有三：曰公治，曰君主，曰专制。欲知三者之为异，举其通行之义足矣。盖通行之义，其中函三界说，而皆本于事实者，其义曰：公治者，国中无上主权，主于全体或一部分之国民者也；君主者，治以一君矣，而其为治也，以有恒旧立之法度；专制者，治以一君，而一切出于独行之己意。②

（严译今解）国家的治理形式有三种，分别是公治、君主制和专制。公治是指国家至上主权，属于全体或一部分国民。在公治下，国家的治理是通过人民的共同决策来实现的，每个人都有平等的权利和责任参与政治决策。君主制是指由一个君主统治国家，但这个君主不是独裁者，而是按照既定的法律和制度进行治理。在君主制下，君主是国家的象征性领袖，实际的治理权通常由大臣或议会掌握。专制是指由一个独裁者统治国家，这个独裁者拥有绝对的权力，可以随意制定和废除法律，不受任何限制。在专制下，独裁者是国家的绝对统治者，掌握着所有的政治、经济和文化权力。

以上是关于治国的三种不同形式的讨论。republican 本有"共和

① Montesquieu. *The Spirit of the Laws* [M]. Cambridge: Cambridge University Press, 1988: 10.

② 孟德斯鸠. 法意 [M]. 严复, 译. 北京: 商务印书馆, 1981: 11.

国的"意思，严复翻译成了"公治"，又认为公治即由人民共同来实现，体现了他推崇民主治国的思想。政治体制的设计应该基于实际情况和事实，而不是仅仅基于理论或个人偏见。治国政府的实际运作应该考虑到国家的文化、历史、社会和经济背景，以及国民的需求和期望。

## 二、自由？不是个人的自由

西方人经受了文艺复兴①、宗教改革②和启蒙运动③的洗礼，深刻地领悟到了自由平等的理念。在西方文化中，每个人都被视为拥有与生俱来的自由权利，应该受到同等的尊重和待遇。因此，每个人都应该拥有自由，每个国家也应该拥有自由。

人们天生热爱自由，然而在古代中国的封建体制和道德规范下，自由受到了很大的约束。严复认为，为了国家的繁荣发展，应该从人的天性出发，进行政治和道德的教化。人民的进步和改变需要一个长期的过程，不能期望一蹴而就。只有通过持续不断的教育和引导，才能够使人民逐渐接受新的思想和文化，从而推动社会的

---

① 文艺复兴是欧洲历史上的一次文化复兴运动，发生在 14 世纪到 16 世纪之间。复兴运动是对古典文化和艺术的重新发掘和欣赏，以及对人类潜力和美的赞美。它主要发生在意大利，后来扩展到欧洲其他地区。文艺复兴不仅对艺术和文学产生了深远影响，也推动了科学和技术的进步。达·芬奇、米开朗基罗、莎士比亚等众多艺术家都活跃在这个时期。

② 宗教改革起源于 16 世纪初的欧洲。当时，教会内部存在许多腐败和滥用权力的问题，加上新兴资产阶级的崛起和对自由的追求，引发了这次改革运动。马丁·路德是宗教改革的主要推动者之一，他主张信仰的唯一依据是《圣经》，而不是教会的传统或权威。宗教改革导致了基督教的分裂，形成了新教和旧教两个派别。

③ 启蒙运动是欧洲历史上的一次思想文化运动，发生在 17 世纪到 18 世纪初。这个时期的哲学家和思想家们倡导理性、科学和人权，反对迷信和专制主义。启蒙运动思想对现代社会发展产生了深远的影响，包括政治、经济、社会和文化等方面。许多重要的思想家，如伏尔泰、孟德斯鸠、卢梭等都活跃在这个时期。

进步和发展。

在君主立宪制下，不论是贵族还是君主，都必须遵守法律，不能随心所欲。这样，人们追求的自由就不只是摆脱某个统治者的束缚，而是追求整个社会和国家的公平与正义。在这种大环境下，自由的概念变得更宽泛了，它涉及我们与社会、与国家之间的各种关系。穆勒特别关注了个人与国家之间的界限问题。

但严复认为，这种自由的理念不仅仅适用于君主立宪制，其他政治制度下也应该有。只要个人的自由不被任何外部力量，比如君主、贵族或传统习俗等，随意限制或约束，那就行了。因此，严复支持建立君主立宪制，并主张通过政治改革和思想启蒙来扩大人民的自由权利，推动社会不断向前发展。根据《论法的精神》中所述：

（原文）It is true that in democracies the people seem to do what they want，but political liberty in no way consists in doing what one wants. In a state，that is，in a society where there are laws，liberty can consist only in having the power to do what one should want to do and in no way being constrained to do what one should not want to do.[①]

（严译）夫庶建之制，其民若得为其凡所欲为者，是固然矣。然法律所论者非小己之自由，乃国群之自由也。夫国群自由，非无遮之放任明矣。政府国家者，有法度之社会也，既曰有法度，则民所自由者，必游于法中，凡所可愿，将皆有其自主之权，凡所不可愿，将皆无人焉可加以相强，是则国群自由而已矣。[②]

---

① Montesquieu. *The Spirit of the Laws* [M]. Cambridge：Cambridge University Press，1988：155.

② 孟德斯鸠. 法意 [M]. 严复，译. 北京：商务印书馆，1981：219.

（严译今解）说到庶建制，民众能够随心所欲地做他们想做的事，这固然不错。但是法律所讨论的并不是小己自由的问题，而是国群自由的问题。国群自由，并不是毫无约束地放任自由。政府和国家，是有法度的社会，既然有法度，那么民众所享有的自由，必定是在法律许可的范围内的自由。凡是人们愿意做的事，他们都将有自主的权利，凡是人们不愿意做的事，没有人会强迫他们去做，这就是国群自由。

（原文）One must put oneself in mind of what independence is and what liberty is. Liberty is the right to do everything the laws permit; and if one citizen could do what they forbid, he would no longer have liberty because the others would likewise have this same power.①

（严译）所不可不常悬于心目之间者，无制与自由之为异也。自由者，凡法之所不禁，则吾皆有其得为之权利。假使有国民焉，得取法所禁者而为之，将其群所常享之自由立失。何则？法律平等，一民之所为者，将尽民皆可为之也。②

（严译今解）需要时时牢记于心的是，没有制度与自由的区别。自由，是指凡法律不禁止的事，都有权做。假如有民众去做法律所禁止的事，他所处的群体就会失去常常享受的自由。为什么？因为法律是平等的，一个人可以做的事，所有民众都可以做。

通过分析西方社会的自由观念，严复看到了自由价值观对于个

① Montesquieu. *The Spirit of the Laws* [M]. Cambridge: Cambridge University Press, 1988: 155.

② 孟德斯鸠. 法意 [M]. 严复，译. 北京：商务印书馆，1981: 219.

人和社会发展的重要性。严复注意到，当国民追求政治平等和自由时，他们表现出对自由的强烈渴望，这推动了自由、民主的政治和法律体系的建立，实现了人与制度的和谐统一。相比之下，中国人在严格的伦理标准下受到了很大的限制，这种限制不仅束缚了个体的自由和创新能力，还阻碍了社会的进步和发展。这是中国长时间处于贫困和弱势状态的关键因素之一。因此，在当代社会背景下，我们应该逐步摆脱传统文化的限制，确立自由、平等和民主等现代价值观念，以推动个人和社会的全面发展。自秦朝以降，中国历代封建王朝中不乏铁腕统治者。为了巩固政权，他们采取多种手段，包括对平民的压迫、财富的集中攫取以及对异见者的打压。这些措施虽然短期内强化了统治，却给普通百姓带来了深重苦难。

严复认为，在西方制度中，为人民提供保护和生计的事务的细致程度和广泛程度，对于中国来说，其超越的难度难以用言语来描述。在贵族统治下，民众和贵族都为自由而斗争；在君主立宪制下，人们追求自由的焦点已从贵族或君主转移到社会、国家和各种传统习惯上，无论是贵族还是君主，都必须受到法律的制约，不能随意行事。例如英国的宪法制度在《论法的精神》中被描述为：

（原文）Political liberty in a citizen is that tranquility of spirit which comes from the opinion each one has of his security，and in order for him to have this liberty the government must be such that one citizen can not fear another citizen.[1]

（严译）所谓国群自由者，合众庶之心太平而成者也。人人自顾其身家，其势皆安如磐石，则国群自由立矣。故欲得国

---

[1] Montesquieu. *The Spirit of the Laws* [M]. Cambridge：Cambridge University Press，1988：157.

群自由者，其立国之法度，必使民不为非，于天下之人皆可以无畏。[①]

（严译今解）所谓国群自由，是集合众多百姓的心愿，达成社会太平而形成的。人人顾全自己和自己的家庭，这种形势下，大家都安稳得如磐石一般，那么国群自由就建立了。所以，想获得国群自由，建立国家所依据的法律制度和规范，必须使民众不做坏事。这样，天下的人都可以无所畏惧了。

（原文）When legislative power is united with executive power in a single person or in a single body of the magistracy，there is no liberty，because one can fear that the same monarch or senate that makes tyrannical laws will execute them tyrannically.[②]

（严译）故其国宪政二权合而归之一君，或统之以一曹之官长者，其国群之自由失矣。盖君不尽圣，吏不皆贤，彼既总二权而握之矣，将有时立烦苛之法令，而以威力行之，是固民之所甚畏也。有如是之畏者，不得谓之有自由也。[③]

（严译今解）因此国家的立法和行政权力合起来归属于一个君主，或者由一个部门的官员来统率，国群自由就丧失了。因为君主不一定都圣明，官吏不一定都贤良。当立法权和行政权被一个人或少数人掌握时，他们可能会制定出一些对民众不利、烦琐且苛刻的法令，并强制推行，这本来是民众非常害怕的。如果民众有这样的恐惧，就不能说是有自由了。

---

① 孟德斯鸠. 法意［M］. 严复，译. 北京：商务印书馆，1981：221.

② Montesquieu. *The Spirit of the Laws*［M］. Cambridge：Cambridge University Press，1988：157.

③ 孟德斯鸠. 法意［M］. 严复，译. 北京：商务印书馆，1981：221.

因此，人们追求的自由不再是针对特定的统治者，而是针对整个社会和国家的限制和束缚。在此背景下，自由的定义变得更为宽泛，涵盖了个体与社会、个体与国家之间的各种边界。严复对现实的政治形势和体制有着深刻的洞察，他始终将个人自由与群体自由的平衡视为国家和社会发展的途径和意义。他的自由观与他的政治思想实现了完美统一，使他成为坚定追求君主立宪制的代表人物。

## 三、改良还是革命——严复与孙中山的争论

1905 年冬，严复同开平矿务局的张翼一起乘轮到英国解决矿务局的股东和债务的问题。一日，一人来拜访他，经介绍，他才知道这个人就是提出"驱除鞑虏，恢复中华"的孙中山。他早就听说孙中山的大名，彼时的孙中山正在国外组织会党，提倡通过"革命排满"推翻清政府。他认为"和平方法，无可复施"①。严复并不赞同他的观点。他觉得欲速则不达，最大的教训是戊戌变法，如果用缓和政策，不愁变革不成。

孙中山立刻表明他想和严复商讨救国救民大计的来意。他觉得严复的君主立宪的想法是行不通的。清政府不但顽固不化，而且腐败无能，君不足以为君，宪不能以为宪；当今之计，只有革命，彻底推翻清政府，才能修改国运。二人的讨论愈发激烈，更加坚定了各自的立场。严复认为孙中山的想法"过激，过激，当为之教训"②。

严复关于社会形态的思想来源于甄克思《政治简史》中关于社会的解释，他认为在中国的历史上，出现过三种社会形态：图腾社

---

① 孙文. 孙中山选集 [M]. 北京：人民出版社，1956.

② 王岗峰. 严复——中国近代思想文化史上里程碑式的巨人 [M]. 福州：福建人民出版社，2016：88.

会、宗法社会和国家社会。<sup>①</sup> 原文中说：

> Here then we have our three historical types of human society -*the savage*，*the patriarchal*，and *the military*（or "political" in the modern sense）.<sup>②</sup>
>
> （严译）故稽诸生民历史，社会之形式有三：曰蛮夷社会（亦称图腾社会），曰宗法社会，曰国家社会（亦称军国社会）。<sup>③</sup>
>
> （严译今解）考察人类社会的历史，可以看到三种社会形式：第一种是蛮夷社会，又叫图腾社会；第二种是宗法社会；第三种是国家社会，又叫军国社会。

严复认为当时的中国正处于宗法社会向国家社会转型的阶段。他将 the patriarchal（父权制社会）翻译成"宗法社会"，因为宗法社会是以家族和血缘关系为主。而 the military（国家社会）则以国家利益为主。严复对孙中山说，有些人主张排满反清，这其实是宗法社会的残余。大家应该以国家利益为重，团结各族人民，推动光绪皇帝复政和革新，这才是唯一的捷径。通过这样的方式，中国可以迅速转变为国家社会，与西方各国并驾齐驱。<sup>④</sup>

另外值得注意的是，《政治简史》原文还谈到了军事在国家和社会起源中的重要性：

---

① 黄克武. 梦醒山河［M］. 桂林：广西师范大学出版社，2022：203.

② 王宪明. 语言、翻译与政治——严复译《社会通诠》研究［M］. 北京：北京大学出版社，2005：283.

③ 王宪明. 语言、翻译与政治——严复译《社会通诠》研究［M］. 北京：北京大学出版社，2005：278.

④ 黄克武. 梦醒山河［M］. 桂林：广西师范大学出版社，2022：204.

（原文）THE origin of the *State*，or *Political Society*，is to be found in the development of *the art of warfare*. It may be very sad that this should be so；but it is unquestionably true. Historically speaking，there is not the slightest difficulty in proving that all political communities of the modern type owe their existence to successful warfare. As a natural consequence，they are forced to be organized on military principles，tempered，doubtless，by a survival of older（patriarchal）ideas. Happily，there is a good side，as well as a bad one，to military life.①

（严译）呜呼！学者欲求近世国家社会之原，舍兵事之演进，则乌从而求之？此人道之可为太息流涕者也，而无如其为不可掩之事实。问今日巍然立国，其始有不自战胜而存者乎？固无有也。世方炽然，各执强权，以取乱侮亡，兼弱攻昧，则其制治也，咸诘戎尚武，而稍存宗法之旧制于其中，此今文明诸国之实象也。虽然，兵固凶器，而武节亦非人道之极隆矣，然其中不乏善因，为群演之所托命者，是又不可以不知也。②

（严译今解）唉！对于近代国家社会的起源，除了从战争和军事演进的视角去探究，我们还能从哪里寻找答案呢？这是令人感慨和悲伤的事情，但也是无法掩盖的事实。试问，如今巍然而立的国家，有哪一个不是通过战胜其他国家而生存下来的呢？当然没有这样的例子。世界各国气焰正盛，各自凭借强权制造动乱、欺凌弱小、兼并落后国家，却在治理国家时，都整治军事，崇尚武力，并在其中稍微保留了一些

---

① 王宪明. 语言、翻译与政治——严复译《社会通诠》研究［M］. 北京：北京大学出版社，2005：403.

② 王宪明. 语言、翻译与政治——严复译《社会通诠》研究［M］. 北京：北京大学出版社，2005：395.

宗法旧制，这就是当今文明国家的真实情况。虽然如此，军队本来就是杀人的工具，而尚武精神也不是最高的社会规范，但其中也不乏好的一面，成为群体生存和发展的依托，这也是我们必须了解的。

　　严复的翻译涉及近代国家社会的形成和演变，特别是战争和军事制度的形成。为了表示强调，严复将原文中的两处陈述句改为反问句：其一，对于近世国家社会的起源，除了从战争和军事演进的视角去探究，我们还能从哪里寻找答案呢？其二，如今巍然而立的国家，有哪一个不是通过战胜其他国家而生存下来的呢？

　　对于战争，甄克思写道："军事生活有好的一面，也有坏的一面。"① 关于这一点，严复具体道出他心中的评价尺度：战争固然是一种残酷的行为，而过度强调武力扩张也并非人道的最高体现。但是，战争中仍然存在着许多可以被善用和借用的因素，它们是群体演化的重要依托。我们不能仅仅从战争和军事演进的视角去理解这一过程，而应该更加深入地思考和研究其中的各种因素和影响。

　　关于孙中山建立兴中会一事，严复认为虽然今天的中国各个政党之间存在新旧之别，但民族主义思想却是大家普遍认同的。有人主张团结合作，也有人主张排外和反对满族统治，甚至还有人主张实行军国主义，追求自立自强。然而，尽管这些观点在一段时间内可能引起争议和讨论，但在长期的实践中，它们并没有真正地促进中华民族的强大和繁荣。因此，通过革命推翻政权并不是解决问题的唯一途径，可以通过其他方式来增强国家的实力和影响力。②

---

①　原文为：Happily, there is a good side, as well as a bad one, to military life.
②　林国清，林荫子，林荫侬. 严复的故事［M］. 福建：海峡文艺出版社，1997.

孙中山大赞严复是个思想家，而自己是实行家，说道："鄙人革命成功，请先生帮一臂之力；先生教育成功，鄙人自也鼎力相助。"严复觉得孙中山虽与自己的观点不合，但其人心诚磊落，便说："当然，当然。彼此都是为了国家和人民。"①

这是改良派和革命派的第一次政治思想碰撞。

## 四、立宪还是帝制——严复与袁世凯的矛盾

严复对袁世凯的态度复杂且充满矛盾。这种矛盾情感，一方面源于他们相识于微时并建立了深厚交情。早在 1897 年，严复和夏曾佑等人在天津创办了《国闻报》，当时袁世凯正在天津小站练兵，与严复等人交往非常密切，他们经常谈论时事，无话不谈。这份情谊，让严复对袁世凯有一种特殊的情感，使得他在某些时刻对袁世凯持理解和宽容的态度。1911 年，武昌起义爆发，全国各地纷纷响应，清政府的统治岌岌可危，朝廷不得不重新起用袁世凯。严复对这场突如其来的革命感到非常焦虑和担忧。时局的变化让他再次接近袁世凯。袁世凯在掌握政权后重用严复。1912 年 2 月，严复被任命为京师大学堂的总监督；5 月，京师大学堂改名为北京大学，严复成为北大首任校长；同年，严复出任总统府的法律和外交顾问。1914 年，他成为约法会议的议员和参政院的参政。彼时，严复一度认为袁世凯是英杰，认为袁世凯的掌权是众望所归。

中华民国建立后，袁世凯成为正式大总统，但人心不足，他还梦想恢复帝制。1915 年初，日本提出妄图灭亡中国的秘密条款，袁世凯除了对第五号的第七款持保留意见外，对其他条款均无异

---

① 陈锡祺. 孙中山年谱长编（上卷）[M]. 北京：中华书局，1991：335.

议，并于 5 月 25 日与日本签订了《民四条约》。[①] 同年 8 月，担任民国宪法顾问的古德诺[②]发表《共和与君主论》一文，主张恢复帝制。袁世凯的称帝野心昭然若揭，他多次派遣杨度前往严复处，试图劝说严复加入他即将成立的登基机构"筹安会"[③]，希望借助严复的力量为自己造势，并将严复置于发起人的第三位。这一举措激起了严复强烈的反感。严复对袁世凯急于恢复"帝国体制"的做法持保留态度。

严复对袁世凯的这种反感并非一时之念，而是经过长时间对袁世凯的行为、性格及政治主张的深刻审视后形成的。在严复看来，袁世凯的所作所为与他的政治理念、道德标准背道而驰，这使他难以对袁世凯产生正面的情感。他看清了袁世凯顽固专制的本质，依靠他实现君主立宪制，希望渺茫。直到袁世凯接受"二十一条"，严复彻底丧失信心。[④]

当时社会已经发生了很大的变化，君主制的威严已经逐渐消

---

① 包括第一号，关于日本继承德国在山东的特权，共四款。要求承认日本继承德国在山东的一切权益，山东省不得让与或租借他国。第二号，关于日本在南满洲及东部内蒙古享有优越地位，共七款。包括承认日本人在南满和内蒙古东部居住、往来、经营工商业及开矿等项特权，旅顺、大连的租借期限及南满、安奉两铁路管理期限均延展至 99 年等。第三号，关于汉冶萍公司，共二款。要求汉冶萍公司改为中日合办，附近矿山不许公司以外的人开采。第四号，关于"切实保全中国领土"一款。规定中国政府允准所有中国沿岸港湾及岛屿，概不让与或租与他国。第五号，共七款，涉及在中国中央政府须聘用有力之日本人充当政治、财政、军事等项顾问，中日合办警政和兵工厂，武昌至南昌、南昌至杭州、南昌至潮州之间各铁路建筑权让与日本等内容。

② 弗兰克·约翰逊·古德诺（Frank Johnson Goodnow），1859 年出生于美国，是美国公共行政与市政学的重要的奠基人和权威，著有《政治与行政》等书，对 20 世纪美国功能主义政治学的发展颇有影响。曾来华任宪法顾问并参与拟订中华民国宪法草案。

③ "筹安会"六位发起人以杨度为首，于 1915 年 8 月成立，旨在鼓吹复辟帝制。其中，杨度和严复为老资格的立宪派，孙毓筠、李燮和、胡瑛为变节的同盟会员，刘师培则是早在辛亥革命前就背叛了同盟会的人。杨度曾投靠袁世凯并为其摇唇鼓舌，但其后醒悟并痛改前非。

④ 王岗峰. 严复——中国近代思想文化史上里程碑式的巨人［M］. 福州：福建人民出版社，2016：93.

失，如果贸然恢复旧制度，只会让局势更加混乱。尽管如此，杨度仍然试图说服严复加入"筹安会"，并强调这个组织只是进行学术研究，探讨是否应该恢复君主制，其他的事情到时候自然会解决。严复认为，如果只是进行学术研究，那么这对于他这个有着强烈使命感的人来说是有吸引力的。

此时，严复并未警觉到杨度的邀请背后竟是一场骗局。他轻信杨度的"邀请"，甚至后来"被成为"发起人之一。当收到杨度那封感激的信函时，他才如梦初醒，意识到自己被设局欺骗。自此以后，严复未涉足"筹安会"及袁世凯登基相关的一切事务。

严复内心坚守的君主立宪制理念，与袁世凯狂热推崇的帝制理念相去甚远，两者在治国理念与追求目标上存在着不可逾越的鸿沟，有着根本性的对立与差异。他深知在当时建立君主立宪制绝非一蹴而就之事，这需要一位德行兼备、深得民心的掌权者，方能将国家领向变革之路。他曾经把希望放在光绪皇帝身上，但是随着光绪皇帝的去世、清政府被推翻，似乎没有一个人可以担此大任。严复认为，中国要恢复君主制，非有汉武帝、唐太宗那样的君主不可，或者也应该有曹操那样的人物应运而生，而袁世凯只能当一个臣子。严复赞成实行君主立宪制，但是觉得袁世凯缺乏身为掌权人的德行，并不是君主的合适人选，这也是他对袁世凯称帝抱有质疑态度的原因。政府的动荡势必给国家带来沉重的危害，首当其冲的就是人民。人民本可以成为掌权的人，现在深受没有君主能力的人的专制之苦，就无法有安定和平的日子。国家又何来富强？

面对袁世凯坚定不移的复辟决心，严复深感无奈，他深知自己无力改变这一局势，因此只能选择闭门谢客。袁世凯于1916年1月以"洪宪"为国号恢复了帝制，又于3月22日被迫取消帝制，这个只当了83天的皇帝于6月6日病逝。由于"筹安会"曾积极策划和支持袁世凯的帝制复辟行动，这一行为在当时引起了广泛的关注和反对，导致严复作为该组织的重要成员之一也受到了牵连。虽然他从未参与袁世凯的复辟帝制活动，但是"筹安会"的问题让严复长期备受争议，它如同一个沉重的枷锁，给严复留下了难以磨灭的遗憾。

严复始终没有看到君主立宪制的确立，然而他对于君主立宪制的解释和推崇达到了一个全面的新高度，同时也为当时和之后的政治统治者提供了重大的参考价值。

# 第二节　经济思想

严复所处的 19 世纪下半叶，西方国家正经历着第二次工业革命。这场革命像一阵狂风，席卷了电力、汽车、化工、钢铁等行业，让西方经济飞速前进。同时，垄断这种新的经济模式崭露头角，为资本家们打开了更大的利润之门。而在海外，西方国家通过殖民和贸易，从非洲、亚洲和美洲等地掠夺了大量资源和市场，给这些地区带来了经济剥削和文化压迫，为本国注入了强大的经济动力。

然而，同一时期的中国却陷入了困境。鸦片战争和甲午战争的失败，让清政府的统治岌岌可危。巨额的战争赔款和国库空虚，让国家财政摇摇欲坠，社会也愈发动荡不安。

1896 年，严复精心译介了英国古典经济学家亚当·斯密所著的自由主义经济理论巨著——《国富论》。书中探讨的是一个国家如何变得富有，以及这种财富如何产生。通过这本书，严复得以从全新的视角审视经济学，开始反思和批判传统的经济观念。这本书中的理论对严复来说就像是一块坚固的奠基石，稳稳地支撑起了他的经济思想体系。因此，翻译和研究《国富论》可以说是严复在构建自己经济思想过程中的关键一步，就像攀登高峰时遇到的重要里程碑，标志着他在经济思想领域取得了重要进展。

其后，严复在 1904 年 4 月的《读新译甄克思〈社会通诠〉》一文中指出，中西政治的根本差异在于体制的不同，贫富弱强由此决定。若无法从根本入手，对国家事务将无益。社会存在一系列严峻问题：人民的智慧尚未被充分激发，他们的力量未能得以有效展现，社会的积弊依旧沉疴难起，造假行骗的恶劣风气盛行不止，瘟疫如猛虎般肆虐，盗贼活动猖獗不已，官员贪婪自私，士兵懦弱无勇，人民缺乏深厚的爱国情感。而这些问题的一大根源，便在于社会的贫困现状。鉴于彼时的客观形势，所有有识之士都不得不深入思考战后经济复苏的问题。在这种情况下，严复提出引进外资、筑路开矿、整顿币制等疗贫救贫的主张，为当时的中国提供了一套切实可行的方案。

自 1905 年夏季开始，应他人的邀请，严复以演讲或论文的形式，大量宣传宪政知识，积极配合了国内的立宪运动。在这样的背景下，他对经济问题保持高度关注。在 1906 年，他对清政府的自铸铜圆政策提出了中肯的批评。实际上，严复的《论铜元充斥病国病民不可不急筹挽救之术》[①] 一文是运用西方经济理论考察清末货币问题的产物，对国人具有极大的启发作用。

在翻译《国富论》的过程中，严复不仅深刻理解了亚当·斯密的经济理论，还将其运用到了对 20 世纪初中国社会的观察中。亚当·斯密在书中认为，发展市场经济，是经由价格机制这只"看不

---

① 严复. 论铜元充斥病国病民不可不急筹挽救之术 [M] //王栻. 严复集. 北京：中华书局，1986：178—187.

见的手"引导的，人们不仅会实现个人利益的最大化，还会推进公共利益。他认为，增加财富的具体途径主要有两条：一是加强劳动分工以提高劳动生产率；二是增加资本积累，从而增加从事生产的劳动者人数。《国富论》这部著作奠定了资本主义自由经济的理论基础，标志着古典政治经济学理论体系的建立。严复对于亚当·斯密理论的见解精辟独到，同时他也迫切地想要把其中的经典理论在经济活动中践行，结合他在《天演论》中的思想，形成了具有"进化意义"的经济理论。

## 一、自由竞争与自由贸易

严复在留学归来后，始终密切关注西方国家的思想动态和经济发展趋势。他研读了达尔文的《物种起源》，并鉴于当时中国的社会经济现实，对赫胥黎的《进化论与伦理学》进行了深入研究和翻译。《天演论》的问世犹如一石激起千层浪，引发强烈反响。为了推动实现国富民强的目标，严复特别强调竞争对社会发展的推动作用，他认为"物竞天择，适者生存"不仅是生物界的普遍规律，也是人类社会发展的基本法则。人类与动植物一样，可以依赖自然界的物质条件生存，同时也可以利用"优胜劣汰"的自然法则，通过个体的自由竞争来促进市场经济的发展。

《进化论与伦理学》中提及：

（原文）And in the living world, one of the most characteristic features of this cosmic process is the struggle for existence, the competition of each with all, the result of which is the selection, that is to say, the survival of those forms which, on the whole, are best adapted, to the conditions which at any period obtain；

and which are, therefore, in that respect, and only in that respect, the fittest. The acme reached by the cosmic process in the vegetation of the downs is seen in the turf, with its weeds and gorse. Under the conditions, they have come out of the struggle victorious; and, by surviving, have proved that they are the fittest to survive.①

（严译）物竞者，物争自存也。以一物以与物物争，或存或亡，而其效则归于天择。天择者，物争焉而独存。则其存也，必有其所以存，必其所得于天之分，自致一己之能，与其所遭值之时与地，及凡周身以外之物力，有其相谋相剂者焉。夫而后独免于亡，而足以自立也。②

（严译今解）所谓"物竞"，就是各物种为了生存相互竞争。它们用各自的本领与别的物种争夺生存空间，有的得以生存，有的走向灭亡，而这一结果取决于天择。所谓天择，指的是物种通过激烈的竞争，只有适应环境者方能生存下来。某物种能够生存下来，必然有其存活的原因，这源于其天赋，发展了自身的能力，以及与所处的时代、地理环境和周围的物质条件相互作用的结果。这样之后，才能避免灭亡，并实现自我独立。

各个物种之间经常存在错综复杂的联系与竞争，它们均为了自身的生存而激烈竞争。首先，这种竞争起始于不同物种之间，随后演变为群体之间的较量。在这场竞争中，弱者往往被强者所吞噬，

---

① T. H. Huxley. Evolution and Ethic and other Essays [M]. 北京：中央编译出版社，2010：46.

② 赫胥黎. 进化论与伦理学（全译本）（附《天演论》）[M]. 宋启林，等译. 北京：北京大学出版社，2010：153—154.

而愚钝者则常受到智慧者的支配。对于个体而言，若想在竞争中取得优势，他们必须投身于群体竞争之中，共同面对挑战。严复从种群生存竞争的角度出发，提炼出了一种独特的个体价值观。《国富论》中也提及：

（原文）Every individual is continually exerting himself to find out the most advantageous employment for whatever capital he can command. It is his own advantage，indeed，and not that of the society，which he has in view. But the study of his own advantage naturally，or rather necessarily leads him to prefer that employment which is most advantageous to the society.[①]

（严译）今夫废著鬻财，无间商工之业，必竭力尽虑以出最利之涂，以为最胜之业者，有识莫不同也。方其为是，意非以为群也，取适己事而已矣。然惟各适己事，而群之事大利，各遂其私，而公利存焉。故曰任民自趋，则最利之涂出，最胜之业兴，此治国者所以不劳而财生也。[②]

（严译今解）现今，那些致力于重启歇业店铺或处置财产的人们，无论是投身商海还是工业领域，皆会竭尽所能、深思熟虑，探寻最为盈利之道，以此为基业谋求最大收益，此举深得明智之士的普遍认可。他们行动之时，初衷并非顾及他人，而是单纯地从自身实际出发，择善而从。然而，正是这种基于个体适宜性的选择，却巧妙地促进了群体利益的最大化，个体私利的满足，无形中也为公共利益奠定了基石。因此，放手让民众依循内心所向去追寻，自然而然，最佳盈利路径便会显

---

① Adam Smith. *The Wealth of Nations* [M]. New York：Bantam Classic. 2003：569.

② 亚当·斯密. 原富 [M]. 严复，译. 上海：世界图书出版社，2012：603.

现，最为繁荣的行业亦将蓬勃兴起。这便是治国者无须过多操劳，国家财富便能自行增长的根本原因所在。

严复的翻译揭示了个体竞争力在群体竞争中的重要性——国家由多个个体组成，要使国家强大，就必须提升个体的竞争力。个体竞争力的提升，将使国家作为一个整体能够参与其他由个体组成的国家群体的竞争。自由经济作为一种自然秩序，只要不受人为破坏，就能创造财富并充满活力。经济自由了，人也逐渐富裕起来，而人首先作为一个个体富裕起来，这个国家才会富裕起来。

英国实现经济跨越是推行自由经济的结果。市场的自由贸易往来不应该受到国家的限制。政府这只"看不见的手"触及市场的各个方面，抑制了人们的竞争意识，阻碍了市场的发展。① 这一理论亚当·斯密在《国富论》中有所提及：

Every individual necessarily labours to render the annual revenue of the society as great as he can. He generally，indeed，neither intends to promote the public interest，nor knows how much he is promoting it. He intends only his own gain，and he is in this case，as in many other cases，led by an invisible hand to promote an end which was no part of his intention... By pursuing his own interest he frequently promotes.②

亚当·斯密认为，国家经济的发展应避免政府干预，而应由社

---

① 亚当·斯密. 国民财富的性质和原因的研究（上卷）[M]. 北京：商务印书馆，2008.

② Adam Smith. *The Wealth of Nations* [M]. New York：Bantam Classic. 2003：569.

会需求自然决定。这种需求如同一只"看不见的手"，无形中调节市场的运作。

严复同样主张市场竞争应自由进行，反对清政府过度干预。然而，在铁路、报刊等关乎公共利益的领域，他认为清政府应适度参与。同时，严复还建议对于产出新成果的人设置专利权并给予奖励。通过设置专利权来保护和激励人民的创造力，可以极大地提高人们生产和开发新事物的积极性。对于需要大量资金投入发展的产业，严复主张政府加大投入以减轻该行业资本负担。然而，如果政府以官办为由多干涉经济领域的活动，就会对市场经济产生影响。

君主的利益在于使民众每年收入逐渐均衡，并且使人民使用物品的权利日益扩大。要达到这样的目的，最好的方法就是让贸易自由。自由贸易不是别的，就是尽国家的地利和民力所能，让货物产出最大化，让商人们公平竞争，使物品价格达到最廉价。在对外贸易领域，严复支持亚当·斯密的自由贸易论，提出国家不应该干预对内对外的贸易，政府应该顺应经济市场的发展规律。市场保护政策会在一定程度上抑制国外的企业在华发展，不利于本国企业开拓国内国外市场。英国过去大力推行重商主义的保护政策，包括实施进出口关税和海运条例等措施，旨在抵制外国产品，保护本国产业。然而，这些措施反而产生了相反的效果。

## 二、重商引资，筑路开矿

1876 年，直隶总督李鸿章派遣轮船招商局总办唐廷枢前往开平一带筹备矿务局，并于次年拟定《开平矿务局招商章程》。章程规定该矿的性质为官督商办。从募资到正式产煤的十年间，矿务局度过了最艰难的创业期，产量维持在较高的水平，能够满足当时清朝工厂的需求，甚至还能出口到海外为清政府换取白银。然而，

1892 年，唐廷枢去世，新一任督办张翼上任。张翼上任之后，许多贵族子弟通过托关系、走后门的方式进入开平矿务局吃空饷，导致工厂的行政编制变得臃肿不堪，曾经日进斗金的开平矿务局也变得入不敷出，连日常运转都变得十分困难。

开平矿务局的困顿曾一度让督办张翼感到十分担忧，他害怕清政府怪罪下来，便只好到处筹措资金。后来，他将矿务局卖给英商之事被曝光，遭到了袁世凯的弹劾。为了应对袁世凯的弹劾并为自己辩护，张翼请严复帮忙撰写一份说明情况的文件。严复以张翼的名义起草了《代张燕谋草奏》，以此回应袁世凯的攻击。随后，在1903 年，严复在《大公报》上发表了《论〈中外日报〉论开平矿务书》一文，对《中外日报》的批评进行了逐一反驳，以此维护张翼的名誉。

1905 年 1 月，严复与张翼前往英国处理开平矿务局讼事。严复抵达英国后，主要为张翼写供词并翻译公文。随着掌握的资料逐渐增多，严复开始对张翼的行为产生怀疑。在后来给张元济的书信中，严复表示非常后悔这次轻率的行动。随后，伦敦高等法院开庭审理开平矿务一案，张翼的所作所为彻底暴露无遗。此外，由于张翼自被革职后负债累累，他之前承诺支付的薪水也无法兑现。严复对此深感不满，认为"此子固市侩，在在以欺为术。遭逢因缘，遂得富贵。乃今以中国大员负西人所最不当者，与之同行，亦至辱也"。

在此之后，严复决定离开张翼并前往巴黎。与此同时，中英双方关于开平矿权的纠纷持续不断。为了收回开平煤矿，袁世凯于1907 年创办了滦州煤矿，尝试在开平附近的矿区进行开发，即"以滦收开"。1910 年，时任度支部财政处议官的严复向清政府提交了一份名为《论收回开平煤矿说帖》的奏折，详细阐述了开平矿权的纠纷及个人观点。此后，严复并未再涉足开平煤矿事务。

严复认为开矿可以以商业运营为核心。从开平矿务局筹办及运营前期的经验来看，股份制是很好的商业运营模式。1881 年在开平矿务局投入生产前，面值为一百两的开平股票在上海股市的价格溢价到了一百五十两。次年，有人愿意以二百三十七两一股的价格买进，到了 1885 年获利七万两，第二年又翻了一番，到了 1898 年利润已达九十余万两。开平矿务局前期并未筹集到预计的八十万两，但是后期的巨大效益使它毫无疑问地跻身洋务派成功的企业案例行列。

虽然经历了开平矿务局一事，严复在筹集外国资金的问题上依然保持乐观的态度，他认为，中国自从海禁解除之后，那种闭关锁港的主张就不可行了。而从甲午战争以后，华洋之间的交往更加密切。财力匮乏，军饷不足，如果不充分利用自然资源，就无法自立。而中国遍地都是矿产资源，西方的商人对此也非常了解。有人建议开采矿产，但反对者认为不能引进外国资本，因为那样会导致利益被外国人独占。然而，这是只看到问题的一面，而没有看到另一面。严复反对外资的介入会导致国家权益受损的观点。他主张在集资过程中，如果能够以洋商的成本效益为参照，向国内商民展示其投资的价值与潜力，从而赢得他们的信赖与支持，那么必将吸引更多投资者踊跃参与，从而为公司注入更多资金，增强其财务稳定性和市场竞争力。同时，这种做法也可以促进不同文化之间的交流和融合，有利于公司的长期发展。

将所有社会弊病归结于贫穷似乎有些言过其实，但是鉴于《辛丑条约》的签订，中国人民背负沉重的赔款负担，严复将"疗贫"视为当务之急，有一定道理。那么，什么才是"疗贫之方"呢？严复认为，农业、工业和商业这三个行业的效果相对缓慢，不如从交通和矿业入手。中国封建社会中传统的、以家庭为单位、自给自足的农业经济模式已经不再适应现代社会的发展需求。他主张发展社会化机器大生产的模式，重视商品流通，支持筑造铁路。他在1902年发表的《路矿议》中重申兴建铁路的重要性，甚至将发展铁路置于实现富强的核心地位：

> 欧洲五十年以前无铁路。乃至于今，则如顿八纮之网，以冒大陆矣。若英伦，若法兰西，若比利时，国中铁路所经，不独都会也，村庄镇集，靡所不通。[①]
>
> （严文今解）欧洲在五十年前还没有铁路，但如今已经形成了遍布各地的铁路网。英国、法国和比利时等国家，不仅在城市之间铺设了铁路，而且在农村和集镇等地方也铺设了铁路，使得铁路交通非常便捷。

这种铁路网络的普及，不仅加强了各地之间的联系，也推动了经济发展和工业进步。他认为铁路建设可以带来许多好处：

> 由是产宏民富，民富而文明之治以兴。此其理无他，不过使市廛棣通，食货川流，克捷程期，省节运费，化前者之跋涉险阻以为平夷利安已耳。[②]
>
> （严文今解）通过建设铁路，可以促进经济发展和人民富裕，进而推动文明治理。其道理在于使市场交易更加便捷，货物运输更加畅通，缩短运输时间，节省了运费，将以前的坎坷险途变得平坦便利。铁路的建设不仅带来了经济上的好处，也提高了人民的生活质量和社会的文明程度。

---

① 严复. 路矿议［M］//王栻. 严复集. 北京：中华书局，1986：104.
② 严复. 路矿议［M］//王栻. 严复集. 北京：中华书局，1986：104.

矿藏的丰瘠与地理之便，是地租收取的关键。即便矿藏富饶，若地处荒僻、交通阻隔，开采之物无处可销，终将废弃于荒野。正因如此，铁路的贯通显得尤为重要；同样，煤矿的所有权同样也不可小觑。严复在翻译《国富论》的过程中，不断受到亚当·斯密思想的启发。随着翻译的深入，他愈发意识到铁路与煤矿的关键作用，每一个段落都让他对经济建设的路径有了更清晰的认识。

（原文）Other coal-mines in the same country，sufficiently fertile，cannot be wrought on account of their situation. A quantity of mineral，sufficient to defray the expense of working，could be brought from the mine by the ordinary，or even less than the ordinary，quantity of labour；but in an inland country，thinly inhabited，and without either good roads or water-carriage，this quantity could not be sold.[①]

（严译）今试即石炭一事而明之。石炭矿产也，矿必有主人，而发掘开采之后，或有租或无租，恒视二事焉。一曰矿藏之腴瘠，一曰所居之便左。夫较矿藏之腴瘠者，功同而所出有多寡耳。假使矿藏过瘠，而治者不酬其劳费，则虽置其矿于五都之会，采之无所利也。无所利则莫之开，莫之开则其地坐废。稍进而矿藏差腴，开而采之，其入市而收利也，仅能偿其劳费，酬劳力之力庸，复役财者之本息，夫如是则其矿可开矣，然而不能有租。故其矿多地主自具母财而为之，所获者只通行之赢率，而租所不计。举以与人为之，则甚少矣。如是之煤矿，吾苏格兰多有之，地主自采，责租则他人莫承。更进而矿藏弥腴，开之劳费与他矿同，而所出甚富。如是而不开者，

---

① Adam Smith. *The Wealth of Nations* ［M］. New York：Bantam Classic，2003：226.

則又以其所居之僻左，繞礦之居民鮮少，所出者供過夫求，又無通行大道與夫可漕之渠，則雖腴仍瘠耳，故其礦亦廢也。①

（嚴譯今解）現在以煤礦為例。煤礦是一種礦產資源，地主在開採煤礦後能否收取地租，主要取決於兩個因素：一是礦藏的豐富程度，二是煤礦的地理位置是否便利。比較礦藏的豐富程度，指的是在同樣的開採成本下，產出的煤礦有多少。如果礦藏貧瘠，開採成本無法被收益覆蓋，即使煤礦位於繁華都市，開採也無利可圖。無利可圖則無人開採，無人開採則資源被廢棄。如果礦藏稍豐富，開採後收益僅能覆蓋成本（包括勞動報酬和資本利息），則煤礦可以開採，但無法產生地租。因此，這類煤礦多由地主自己出資開採，所獲收益僅為正常的利潤率，而租金成本未計算在內。如果將這類煤礦交給他人開採，則很少有人願意接手。蘇格蘭有許多這樣的煤礦，地主只能自己開採，若要出租則無人願意承租。如果礦藏更加豐富，開採成本與其他煤礦相同，但產量更高，這種情況下不開採煤礦，則是因為煤礦地處偏僻、人口稀少，產出超過當地市場需求，又因為交通不便，缺少公路和水路，開採出的煤礦無法送到外部市場，則礦藏雖豐富卻無經濟價值，最終被廢棄。

（原文）Coals, in the coal countries, are everywhere much below this highest price. If they were not, they could not bear the expense of a distant carriage, either by land or by water.②

（嚴譯）煤價與薪價齊，斯為極貴。顧出礦時，其價必大劣此。否則無以為水陸運費之地。③

① 亞當·斯密. 原富 [M]. 嚴復，譯. 上海：世界圖書出版社，2012：313.
② Adam Smith. *The Wealth of Naions* [M]. New York：Bantam Classic，2003：227.
③ 亞當·斯密. 原富 [M]. 嚴復，譯. 上海：世界圖書出版社，2012：314.

（严译今解）当煤的价格和木柴的价格一样时，那就是极其昂贵的了。然而，当煤炭出矿时，其价格必定大大低于这个价格。不提高煤炭的价格就无法支付水路或陆路的运费。

由于铁路与矿产都很重要，因此，严复主张在矿务铁路总局的属官中设立一名洋参议，该参议应是路矿领域的杰出工程师，精通国内外路矿事务，熟知欧美国家当前的兴办路矿相关制度，能够为路矿大臣提供决策咨询服务。路矿总局无须向各省派驻专员，而是授权各省内驻总局的官员来处理相关事务。同时，严复为路矿总局制定了详细的庶务章程，作为指导和推动路矿事业发展的原则。关于路矿勘测的规定，严复建议将审批权下放到所属地方州县，同时政府应支持和保护路矿勘测工作。他还制定了严格的标准，以审查虚报兴办路矿的情况。此外，严复还对申请和审批承办路矿事业的程序进行了规定，强调必须向所在省府提出申请，且承办公司必须符合一定的要求。

严复认为，中国兴办铁路，应同时修建干路和支路。干路作为全国交通网络中的主干道和重要节点，是连接各个地区和城市之间的主要交通线路。其建设与营造不宜延误，可实行干路国有、由公司承包建设的政策。这些公司的承包期限为五十年。支路的签约对象是省府藩司，但在签约之前，藩司必须向矿务总局进行申请。支路的经费由公司筹集，国家不再提供担保。在签约时，干路和支路公司都要交纳一定数量的"压约银"，即在签约时，交纳一定数量的保证金。这笔保证金主要用于确保合同的履行，以及在铁路修通正式运营后，将一部分收入作为"养路修葺之经费"，以确保铁路的良性运营。

对于中国路矿事业的发展，严复主张要优先发展具有优势的地区，以点带面，推动整体进步。他建议首先在某一省份进行试点，将直隶省作为全国兴办路矿的试点，因为该省地理位置重要、铁路最长、矿山最多，且容易筹集资金。在制定总体规划时，路矿总局应当以京师地区为基础，不断扩展，将内地各个都会和沿海埠头联合起来。

## 三、停铸铜圆，整顿币制

1900年，时任两广总督的李鸿章观察到香港市场上仙士钱的大量流行。他从中受到了启发，认为这是一个机会，于是向朝廷提议自己铸造铜圆。第二年的冬天，朝廷正式命令沿江沿海的各个省份都可以仿造，此举在数年后使得市场上充斥着各种铜圆。1904年，湖北省银圆局铸造的库平一两大清银币推动了币制改革。

在湖北币制改革的示范作用下，各省都觊觎着铸币税带来的财政收益，纷纷主动仿效，无须等待朝廷下令就迅速展开银圆铸造活动，并很快在全国范围内广泛实施。然而，由于各省银圆铸造各自为政，缺乏统一的规范和管理，进一步加剧了全国各地货币度量衡的混乱局面。全国币制混乱的局面令严复深感忧虑。于是，严复在1906年3月发表了一篇名为《论铜元充斥病国病民不可不急筹挽救之术》的文章。在该文中，他强烈呼吁必须立即整顿和设法补救这种情况。

在1880年前后，一两白银可以兑换大约一千四百文至一千五百文铜钱。1898年至1899年期间，一两白银最多只能兑换八百文铜钱。这表明了中国市场上银铜比价的变化趋势与国际市场相似，都是白银价格下跌而铜价上涨。

严复认为自铸铜圆的问题关键在于铜圆的实际价值与名义价值不符，存在很大的差异。购买制造八千枚铜圆的原材料需要花费白银三十八两二钱，而这些铜圆在市场上可以兑换成白银五十七两六钱。这就意味着在铜圆的制造成本和市场价格之间存在很大的差距，而这个差距就是各省铜圆局获取的利润。严复计算出每花费白银一百两，可以获利四十七两八钱五分，由此可见铜圆局的利润非常可观，这也是他们自铸铜圆积极性的来源。

有人认为自铸铜圆是一种"最方便的民捐之法"，意思是说铜圆局的利润就像人民交给清政府的捐税，可以被用来练新兵、办新政。严复指出这种观点是错误的。他认为自铸铜圆的政策实际上是对人民征收的一种苛税，这种做法是在摧毁国家的基础，换取一些表面的繁荣，是一种本末倒置的做法。

也有人认为自铸铜圆是仿照仙士钱实施的。但严复反驳道，仙士钱的实施是有"法偿之限"的，香港的仙士钱在数量超过一百枚时不能强制他人接受。然而，中国并未设立此类限制，因此存在漏洞可钻。若甲欠乙一百银圆，他可用一万个铜圆来偿还，但实际上一百银圆折合库平银七十二两，而一万铜圆折合库平银却不到四十二两。甲用铜圆还款时，已占了很大便宜，而乙的损失则相当于三十两白银。严复因此感慨道："呜呼！国有圜法，以便民也，乃今铜元转为民困，是亦足为流涕长太息者矣。"[1]

在这样的经济环境下，严复捕捉到了一个重要的经济现象，那就是西方经济学界所称的"劣币驱逐良币法则"。在货币复本位制[2]的环境下，即当一个国家或地区同时流通两种法定货币时，往往会

---

[1] 严复. 论铜元充斥病国病民不可不急筹挽救之术 [M] //王栻. 严复集. 北京：中华书局，1986：183.

[2] 货币复本位制，即金银复本位制，是同时以金和银作为货币单位基础的制度。在此制度下，两种金属铸币并行流通，并设有固定比值。然而，这种制度也面临挑战：金银市场价值波动导致需频繁调整法定比价，影响稳定性；且往往偏向某一金属本位，难以体现双重本位价值。在复本位制下，商品拥有金币和银币两种价格，若法定金、银比价与市场实际不符，可能导致一种金属铸币退出流通，另一种占据主导。历史上，英、美、法等国在18至19世纪采用该制度，但随后因该制度不适应资本主义发展，几乎所有资本主义国家均转向单本位制。

发生一个有趣的现象：那些质量优越、价值更高的货币会逐渐在市场上减少流通，而相对质量较差、价值较低的货币则会逐渐占据市场的主体位置。这种转变的背后，其实隐藏着多重原因，包括人们对货币质量的偏好差异、交易成本的考量，以及市场供需关系的动态变化。如果这种情况持续下去，最终可能导致即使是原本质量上乘的货币，也会渐渐失去人们的信任与认可。那么在清末，哪种货币是相对的良币，哪种是相对的劣币呢？严复指出，自铸铜圆的实际含铜量只有二钱，但在使用时，根据官方规定，它可以抵十文的货币。由于面值大大超过实际价值，因此它就是劣币，相对而言，银圆就是良币。按照劣币驱逐良币法则，那么铜圆将在市场上流通，而银圆则会被收藏起来，甚至流到国外。至于制钱，会被人们私自销毁，熔化成铜块，按重量出售。

同时，严复指出铜圆贬值是由铜圆自身的缺陷所引起的。首先，每个铜圆的实际含铜量与它的名义价值相差较大，这使得人民对它产生了不信任感。其次，铜圆的铸造没有限制，发行量超出了流通的必要量，导致市场上的铜圆数量过多。此外，铜圆不能用来交赋税，因为官府在征收赋税时只接受白银，而不是铜圆。这使得铜圆在人民心目中没有地位，最终只能按照其实际价值在市场上流通，即使官方发布命令也没有用。

铜圆贬值还会直接影响到小商贩的生计。如果他们仍然按照原来的价格出售商品，那么他们的实际收入将会减少。为了保持原有的生活水平，他们不得不采取各种方法来提高售价。例如在上海市场上，有些商人擅自改变长度的标准，将原来的九寸当作一尺来出售商品，这就是一种变相的涨价行为。这种行为导致了商品价格的普遍上涨，使得生活成本增加，人们的生活变得更加困难。

要解决铜圆过多带来的社会危机，严复提出了两个方法：首先，停止铸造铜圆；其次，设定一个"法偿之限"。简单来说，就是不再生产铜圆，并且规定在某些场合只能使用银圆。这样可以减少铜圆的流通，避免引发更大的社会问题。

以《国富论》中关于货币的地位和重要性的讨论为例：

（原文）Those metals seem originally to have been made use of for this purpose in rude bars，without any stamp or coinage. Thus we are told by Pliny upon the authority of Timaeus，an ancient historian，that，till the time of Servius Tullius，the Romans had no coined money，but made use of unstamped bars of copper，to purchase whatever they had occasion for. These rude bars，therefore，performed at this time the function of money.

The use of metals in this rude state was attended with two very considerable inconveniences；first，with the trouble of weighing，and secondly，with that of assaying them. In the precious metals，where a small difference in the quantity makes a great difference in the value，even the business of weighing，with proper exactness，requires at least very accurate weights and scales. The weighing of gold，in particular，is an operation of some nicety. In the coarser metals，indeed，where a small error would be of little consequence，less accuracy would，no doubt，be necessary. Yet we should find it excessively troublesome if every time a poor man had occasion either to buy or sell a farthing's worth of goods，he was obliged to weigh the farthing. The operation of assaying is still more difficult，still more tedious；and，unless a part of the metal is fairly melted in the crucible，with proper dissolvents，any conclusion that can be drawn from it is extremely uncertain. Before the institution of coined money, however, unless they went through this tedious and difficult operation, people must always have been liable to the grossest frauds and impositions; and instead of a pound weight of pure silver, or pure copper, might receive, in exchange for their goods, an adulterated composition of the coarsest and cheapest materials, which had, however, in their outward appearance, been made to resemble those metals. To prevent such abuses, to facilitate exchanges, and thereby to encourage all sorts of industry and commerce, it has been found necessary, in all countries that have made any considerable advances towards improvement, to affix a public stamp upon certain quantities of such particular metals, as were in those countries commonly made use of to purchase goods. Hence the origin of coined money, and of those public offices called mints; institutions exactly of the same nature with those of the aulnagers and stamp-masters of woollen and linen cloth. All of them are equally meant to ascertain, by means of a public stamp, the quantity and uniform goodness of those different commodities when brought to market.[①]

（严译）古用金为币，无圜法也。罗马之有圜法，自司尔威始。初以铜版资交易，其不便甚众。出入必衡，一也。惧其杂无以验，二也。贱金可忽，贵金铢黍之差，为值甚巨。非审权微验不可，则废时失事之道也。小民挟零金易常物，必皆有事于衡。既已烦矣，而别其杂伪尤难。权金之器，验金之药，

---

① Adam Smith. *The Wealth of Naions* [M]. New York: Bantam Classic, 2003: 14.

固不能以时具也，则相率为奸欺。奸欺日众，其群乃疑，而利用厚生之道，浸微浸灭。故欲富其国而圜法不谨，犹欲肥之人而日饮病药也。知计之主，于一钱之入市，重几何，精几分，皆为著文明白，范而熔之，是曰制币。此实与置监市司价之官同意，皆主杜绝奸欺，使民相任而已。①

（严译今解）古代以金属作为货币，没有制定货币制度。罗马自司尔威时代开始实行货币制度。最初使用铜条作为交易媒介，带来了很多不便。首先，铜条交易必须称重。其次，铜条纯度难以验证。贱金属可以忽略差异，贵重金属的些微差别就价值悬殊。这种必须精确称量验证的制度，实为耗费时间阻碍交易的机制。普通百姓带着零散的金属换取日常物品时，必须称重，这样已经非常麻烦了，而辨别纯度就更困难了。称重的器具、检验金属的药物，本来就不能及时准备好，于是人们开始欺骗，随着欺骗行为越来越多，人们开始互相猜疑，而经商之道逐渐衰微甚至消失。所以，如果国家想要富强而不谨慎对待货币制度，就像想要使身体强壮却每天喝毒药一样。明智的统治者会在钱币进入市场前，明文规定其重量和纯度，通过模具铸造统一货币，就叫作制币。这实际上与设置市司的用意相同，都是为了杜绝欺骗行为，使民众相互信任。

严复译文强调了国家没有实行货币制度，将导致交易过程烦琐，容易产生欺诈行为，从而导致社会信任度下降，阻碍经济发展。他还提到管理货币的重要性。

无独有偶，1910 年 1 月 8 日的《泰晤士报》也指出了清政府在处理货币问题时存在问题："铜和银之间的兑换率不能通过官方法

① 亚当·斯密. 原富 [M]. 严复，译. 上海：世界图书出版社，2012：26—27.

令人为地规定，这是一个经济问题，只能经过一个完整的货币改革来处理，并且如果中国要改革，就必须改革本国货币。"[①]

# 第三节　教育思想

严复的教育理念深受其丰富的学习经历和实践影响。如第一章中提及，他自幼接受传统私塾教育，后因家境变故，转而投身新式学堂，以优异成绩考入船政学堂，开启了西式教育的探索之旅。赴英留学期间，严复对西方科学产生浓厚兴趣，积极吸收近代科学知识，为其后来翻译与著述奠定坚实基础。

归国后，严复投身教育事业，先后在船政学堂和北洋水师学堂任职，积极推动教育改革。他还创办了俄文馆，并协助张元济创办通艺学堂，致力于培养维新人才。尽管面临维新失败的困境，严复仍坚持教育实践，先后在复旦公学、安徽高等学堂及北京大学担任校长，为近代中国教育做出卓越贡献。

留学经历与长期教育实践相结合，使严复形成了独特的教育理念与教学方法，对中国近代教育产生了深远影响，为中国教育改革提供了宝贵经验。

---

① 杨让晨. 清末民初（1909—1919 年）《泰晤士报》涉华经济报道研究 [D]. 西北大学，2020.

# 一、严复与"三民"论

前文提到，1905 年严复与孙中山在伦敦会面，其间严复强调了国民教育的重要性，他说："中国民品之劣，民智之卑，即有改革，害之除于甲者将见于乙，泯于丙者将发之于丁。为今之计，惟急从教育上着手，庶几逐渐更新乎！"① 严复认为当时的改革只是解决了表面的问题，更深层次的问题可能还在酝酿中。因此，通过教育提升民众的素质和智慧水平，是解决这些问题的根本途径，也是推动社会发展和进步的关键。他指出，如果中国能够改变这种局面，提高民众的力量、智慧和道德水平，那么中国就能够更有效地抵抗外敌的入侵。

是故苟民力已荼，民智已卑，民德已薄，虽有富强之政，莫之能行。盖政如草木焉，置之其地而发生滋大者，必其地之肥硗燥湿寒暑与其种性最宜而后可。否则，萎茷而已，再甚则僵槁而已……达尔文曰："物各竞存，最宜者立。"动植如是，政教亦如是也。②

（严文今解）因此，如果一个国家的民众力量已经疲敝，民众智力已经低下，民众道德已经浅薄，即使有使国家富强的政策，也无法顺利推行。因为政治就像草木一样，要使它在某地茁壮成长，当地土地的肥瘦、干湿、冷热一定要与草木的品种特性最相宜才可以。不然，它就会枯萎矮小，更严重的就会枯死……达尔文说："万物都在相互竞争中求生存，最适应环

---

① 严璩. 侯官严先生年谱［M］//王栻. 严复集. 北京：中华书局，1986：1550.
② 严复. 原强［M］//王栻. 严复集. 北京：中华书局，1986：27.

境的才能生存下来并得到发展。"动植物如此，政治与教化也是如此。

进一步说，为了实现民族自强和保护种族，严复认为首要的任务是"鼓民力、开民智、新民德"。

> 顾彼民之能自治而自由者，皆其力、其智、其德诚优者也。是以今日要政，统于三端：一曰鼓民力，二曰开民智，三曰新民德。[①]
>
> （严文今解）那些能够自治和自由的民众，都是力量、智力和道德真正优秀的人。因此，当前的重要政事概括为三个方面：一是激发民众的力量，二是开启民众的智慧，三是革新民众的道德。

此后，严复将"鼓民力，开民智，新民德"这三大核心理念进一步细化为体育、智育和德育三大部分，为现代教育体系提供了坚实的理论基础。

## 二、"鼓民力"与体育

"鼓民力"是指通过各种手段，激发和增强人民的体力和精神力量，使他们具有强健的体魄和勇敢的精神状态，使他们能够更好地适应社会发展的需要。体育作为"鼓民力"的核心，承载着培养国民健康体魄与旺盛精力的使命。它不仅是个人身心健康的基础，更是国家活力和国际竞争力的重要体现。严复深刻认识到体育的重

---

① 严复. 原强 [M] //王栻. 严复集. 北京：中华书局，1986：27.

要性，他提倡要塑造一个健康、强壮的民族。要"鼓民力"，就要革除恶风劣俗，主要指的是禁止吸食鸦片和缠足，以增强人民的体质，培养健康的体魄，为提高民众的智慧和道德素质奠定基础。

太平天国时期，洪秀全于 1853 年发布命令禁止缠足；1897 年，谭嗣同和梁启超在上海组织了"不缠足会"，积极提倡自然足；到了戊戌维新期间，反对缠足的呼声更加高涨，广东、湖南、北京、天津、上海等地纷纷成立了"不缠足会"，1898 年，康有为向光绪帝呈上了《请禁妇女裹足折》，呼吁全国上下禁止缠足。然而这些尝试都以失败告终。严复十分反对女子裹足，他认为禁缠足关键在于统治者转变认识，只要实行自上而下的禁令，缠足之风便不难废止。1906 年，清政府终于下诏禁止妇女缠足。

严复还提倡体育教育，旨在提高国人的体魄。19 世纪中后期，社会上主张"驰兵尚武"的呼声此起彼伏，这是出于强兵保国之目的，国内民众开始重视军事力量和战斗精神。体育与军事是分不开的。在他任职于北洋水师学堂的二十年期间，学校开展了大量的西方体育活动。据《清续文献通考》记载，北洋水师学堂的课程包括"授之枪，俾习步伐"，属于体育课的内容。此外，学校还教授"击剑、刺棍、木棒、举力铃、三足竞走、托物竞走、跳远、跳高、跳栏、足球、爬桅、游泳、平台、木马、单杠、爬山"等现代体育课程。1912 年，严复被任命为京师大学堂的校长。他积极提倡学习西方的军事技术，不仅在军事领域进行改革，还大力推广近代西方体育课程。这些课程的实施，丰富了中国近代学校体育的内容，并推动了中国体育的近代化进程。①

---

① 徐珂. 清续文献通考［M］. 北京：中华书局，1988.

# 三、"开民智"与智育

严复认为"开民智"是最为迫切的。"开民智"主要是废除八股，提倡西学，使人民打开眼界，扫除蔽障。因为只有通过提高人民的智慧和科学文化素质，才能改变其无知的状态，消除贻害民力的落后习俗，使人民具备更加开放、自由、民主的思想和观念，从而更好地适应社会发展的需要。严复深刻认识到智育对于国家和民族发展的重要性，并将其视为开启民智的关键所在。他坚信，智育不仅是提高国民知识水平的关键，更是培养国民思想和综合素质的重要途径。要发展智育，就必须讲授西方科学知识。而想要真正讲授实用的科学知识，就必须采用别的方法选举人才，开辟其他的用人途径，废除八股、试帖、策论等科举考试制度。

严复就是科举考试的"受害者"。

1879年严复学成归国。1880年8月，李鸿章奏请在天津建立水师学堂，得到朝廷批准，于次年正式创办了北洋水师学堂，并遣人至福州请严复前往天津担任北洋水师学堂的总教习。按照当时清政府的规定，学堂总办由文职候补道品级官员充任，而严复当时只是武职都司，还不够资格担任总办，但在学堂总办尚未委派时，担负了总办的责任。于是严复在1885年回到福建参加了科举考试，在1888年参加了北京的顺天乡试，在1889年参加了光绪皇帝亲政的恩科乡试，这三次考试他都没有考中。在多次尝试未果的情况下，严复在1889年通过"报捐同知"的方式，获得了"海军保案免选同知"的资格，被选拔为知府，后升任北洋水师学堂的会办（副校长），1890年提为总办。尽管在1892年，严复被海军保荐"免选知府，以道员选用"，但这仍然不是正式的功名。虽然他被称为"总办"，但实际上并没有真正的权力，只是一个空头衔而已。

因此，在 1893 年，他再次回到福建参加乡试，希望能够通过考试获得科举出身，但遗憾的是第四次科考又失败了。1894 年，李鸿章在甲午战争失败后代表清政府被迫签署了丧权辱国的《马关条约》。严复多次参加科举考试，希图通过两榜出身上疏朝廷，以求得一定的地位和影响力。然而，即便清政府中最有分量的人物，如李鸿章，也不过如此，那么自己即便中了进士，又有什么实际意义呢？

他的进士梦醒了，从此放弃了科举之路，决定远离官场。因为救国还有另一条路。

在英国格林尼茨皇家海军学院深造期间，严复积累了深厚的西学造诣，这使得他将救国救亡的目光转向西方，利用自己的西学背景。他认为，要启迪民智，非讲授西学不可。

图 3-2　北洋水师学堂炮法操练

在北洋水师学堂的早期发展阶段，严复尽管担任了驾驶学堂的洋文正教习，但在实际工作中，他的贡献并不仅限于驾驶学堂。这一点在练船和管轮学堂后续聘任外籍教习的过程中表现得尤为明显。在训练船只方面，严复主要设立了正教习、帆缆、枪炮以及测算四大教习，这些教习都属于洋教习。其中，帆缆教习由英国人嘉格蒙（Jackman）[①] 担任，美籍帮教马吉芬（McGiffin）[②] 则擅长测绘和枪炮方面的教练。此外，另一部分教习人员则是从严复留英期间的海军学校——格林尼茨皇家海军学院选聘的。在这个过程中，严复扮演了两个学校之间关于教习聘任的联络人的角色。他的主要任务是将中方拟定的教习聘用合约，包括要求、待遇等内容，翻译成英文，并与格林尼茨皇家海军学院总教习蓝博德（Lambert）[③] 商讨教习聘用的问题。这种工作一直持续到管轮洋教习的聘用按照原定计划完成。按照计划，管轮学堂应于 1884 年开始由洋教习教授数学、重学、格致、化学以及绘图等学科。水师学堂的课程以"洋学"为主要内容和核心。在所有学生中，第一班的学生资质最为优秀，他们全天专门学习洋学。1888 年，清政府颁布了《北洋海军章程》，规定"凡管轮人员，由学生出身者，在学

图 3-3  北洋海军章程

---

① 嘉格蒙，英国人，驻英公使，1885 年至 1886 年任教于北洋水师学堂。

② 马吉芬，美国人，毕业于安纳波利斯海军学校。中法战争期间来华，先后在北洋水师学堂、威海水师任职。甲午海战期间，作为"镇远"号大副，与中国海军一道参加了惨烈的"大东沟海战"。

③ 英国格林尼茨皇家海军学院总教习蓝博德由该校推荐派送来华任教。

堂时需学习几何、算法、代数、三角、格致、轮机理法等课程"。
此外，海军章程还规定了学生在堂四年的课程，包括英国语言文
字、地舆图说、算学至开平立诸方、几何原本前六卷、代数至造对
数表法、平弧三角法、驾驶诸法、测量天象推算经纬度诸法、重
学、化学格致十项。北洋水师学堂的课程以培养学生的外国语言文
字能力为基础，并在此基础上教授西方"船坚炮利之学问"。在教
学内容上，外语文字已成为接受西学的工具和媒介。与同文馆相
比，水师学堂所学的知识已经远远超出了翻译和外交官的培养范
畴。1899 年，严复升任水师学堂总办，他委托叶祖理①到福建代为
招收三十名十五岁左右的少年，北上天津备考水师学堂。关于这次
考试，作为总办的严复自己出题，题目为《西学所以有用论》，可
见严复在经历了甲午一役后致力于传播西学的坚定决心。

严复还提倡妇女接受教育，支持兴办女学，实现男女平等。他
对比了三个不同制度国家中妇女的地位，特别着重描写了民主国家
中妇女的价值和地位。这使他进一步理解了社会在实行民主制时需
要解决男女地位不平等的问题。一方面，需要破除封建陋习；另一
方面，也需要开展妇女教育，提高全民的教育水平。如《论法的精
神》原文中提及：

In monarchies women have so little restraint because，called
to court by the distinction of ranks, they there take up the
spirit of liberty that is almost the only one tolerated... In des-
potic states women do not introduce luxury, but they are
themselves an object of luxury. They should be kept in extreme

① 叶祖理，烟台海军学堂的创始人之一，与萨镇冰、谢葆璋等人都是中日甲午战争
的亲历者，都曾看着北洋水师在战斗中覆亡而无能为力。

slavery... Each man follows the spirit of the government and brings to his home what he sees established outside of it. As the laws in these states are severe and executed on the spot，one fears that women's liberty could be a cause for bringing suit... In republics women are free by the laws and captured by the mores; luxury is banished there and with it，corruption and vices...①

（严译）君主治制，所以钳束其女子者不苛，宫殿之中，女子常有命秩，常得自由，盖严于男而宽于女也……若夫专制之国，非女子之能为侈靡也。而女子即为侈靡之一物。盖其身至贱，为男子之娱而已。其国尚督责者也，而于家亦然。其法至重，而为祸常不旋踵，所不敢与女子以自由者……民主之妇人，其自由也以律，其自束也以礼，屏豪华，捐虚饰，而一切伤教败俗之端，皆末由以得入。②

（严译今解）君主制国家对女子的控制约束并不严苛。在宫殿里，女子通常有一定的地位和自由，大概是严格约束男子而宽容对待女子……在专制国家中，并不是女子铺张奢侈，但她们却成了铺张奢侈的对象。因为女子的地位极其低下，仅仅被视为男子的玩物而已。这样的国家崇尚督责，在家庭中也是如此。其法律也非常严苛，而往往很快就会引发祸患，这样的国家不敢给予女子自由……在民主国家中，妇女的自由是受到法律约束的，她们的自我约束要遵循礼法，摒弃奢华以及虚荣。因而一切有伤教化、败坏风俗的行为，都无法进入她们的生活。

---

① Montesquieu. *The Spirit of the Laws* ［M］. Cambridge：Cambridge University Press，1988：104.

② 孟德斯鸠. 法意［M］. 严复，译. 北京：商务印书馆，1981：147—148.

当时，中国的女子教育已经萌芽。1844 年，英国"东方女子教育协进社"派爱尔德赛女士（Marry Ann Aldersey）[①] 在宁波开设中国第一所教会女子学校；1897 年，维新派代表梁启超在上海筹办女学堂，并在《时务报》上发表《论女学》《倡设女学堂启》等文章，为兴办女学做宣传。严复知道后，立即表示赞同，并立就《论沪上创兴女学堂事》一文，认为女学的创办是破除封建礼教、实现男女平等的利国利民的好事，对女校未来充满信心。1906 年，严复在担任安徽高等学堂监督时居住在上海。当时，他的外甥女何纫兰正在上海女子中学求学，经常向他请教。何纫兰对当时上海女校的教学水平感到极度不满，希望严复能够创办一所专注于"完全国粹教育"的女学。严复对此表示赞同，并积极行动起来。

为了使这个愿望早日实现，他亲自前往南京，游说南洋大臣端方[②]，请求他参与创办这所强调"完全国粹教育"的女学。端方被严复的说辞打动，当即表示乐意听从他的建议，并愿意提供帮助。为了确保女校的顺利创办，严复凭借自己多年的办学经验，拟定了一系列的办学宗旨：管理员由女性担任，西学课程由西方女性教师授课，学员可以是未婚女性或已婚女性等。这些宗旨都是为了确保女校的顺利运营和发展。从此，在中国近代女子教育的领域，严复的积极倡导终于开始产生实质性的影响。

1907 年，清政府颁布了《女子师范学堂章程》和《女子小学堂章程》，为女子教育的发展提供了制度保障。随着时间的推移，各地的女子学校数量日益增多。辛亥革命后，女性不仅有了更多接

---

① 爱尔德赛女士创办了宁波女塾，也就是后来的甬江女中。这所学校是第一所中国女子中学，比梁启超等人创办的学堂还要早五十多年，可以说是开中国女子中学校之先河。爱尔德赛女士招收的女学生一律免除在校费用，学校开设圣经、国学、算术等课程。

② 端方（1861—1911），满洲正白旗人，字午桥，号陶斋。曾任湖南巡抚、两江总督、直隶总督等职，是晚清比较开明的封疆大吏。1905 年，他作为考察政治大臣到欧美各国考察政治，是清末新政的重要鼓吹者和践行者。

受基础教育的机会，而且在五四运动后也开始有了接受高等教育的机会。

## 四、"新民德" 与德育

所谓"新民德"，即德育的重塑，就是要用西方资产阶级的民主、自由、平等，来代替封建的伦理道德，进行爱国新民教育。

严复积极倡导自由平等的思想。他深刻洞察到中国历史上缺乏自由的传统意识。他认为，唯有引进和提倡西方的自由理念，才能在中国社会中培育自尊、自主、自立的精神，并激发人们的道德责任感与公德意识。严复也强调，在推崇自由的同时，国民不能忽视平等的重要性。只有深入理解并实践平等的理念，人们才能真正拥有自主的权利。平等是"新民德"的核心要素，它不仅是个人自主和道德行为的基础，更是社会进步的基石。严复所倡导的"新民德"不仅注重个人的自由与平等，更强调公共精神的培养和道德责任的履行，以此构建一个更加公正、和谐的社会。

《论自由》中提及：

... and as the works partake the character of those who do them，by the same process human life also becomes rich，diversified，and animating，furnishing more abundant aliment to high thoughts and elevating feelings，and strengthening the tie which binds every individual to the race，by making the race infinitely better worth belonging to. In proportion to the development of his individuality，each person becomes more valuable to himself and is therefore capable of being more valuable to others. There is a great fullness of life about his own existence， and when there is more life in the units there is more in the mass which is composed of them.[①]

（严译）……民之思理愈高，感情益上，其才以不同而相需，而雍睦之风亦著。此文明之民，所以为人类之幸福也。故特操异撰者，兼成己成物之功，明德新民，胥由于此。吾之有以善吾生，与人之所以得吾生而益善者，必不以同流而合污，而以独行而特立也。自小己而言之，则一人之身，以其特操异撰而生气丰；自国群而言之，以其民生气之丰，其国之生气亦以不菑。[②]

（严译今解）……人们的思考能力越强，感情越高尚，他们的才能因不同而互相需要，和睦的风气也显著。这就是文明国民能够为人类带来幸福的原因。因此那些有独特操守和见解的人，兼具成就自己和成就事物的功效，以美德教人向善，这一切都源于此。我们之所以能够使我们的生活变得更好，与他人之所以能够因我们而生活得更好，都是因为我们不会随波逐流、同流合污，而是特立独行。就小己而言，一个人凭借独特的操守和见解而充满活力；就国群而言，由于国民充满活力，国家也会因此而充满活力。

## 五、怎样办好的学校

1906 年 4 月，严复走马上任，成为安徽高等学堂的监督（校长）。他心中有清晰的蓝图，着手改革学校的规章和教学内容。在

---

① John Stuart Mill. *On Liberty & Utilitarianism* [M]. New York：Bantam Classic. 2003：80-81.

② 约翰·斯图亚特·穆勒. 群己权界论 [M]. 严复，译. 北京：商务印书馆，1981：68.

他的引导下，学校明确了办学方向，并把学生分为师范生和预备生两个部分。师范生的主要目标是培养中小学的师资，而预备生则致力于追求更高层次的教育，以期成为各领域的精英。学生可以根据自己的情况和兴趣选择适合自己的专业。严复坚持以西学为主的教学内容，尤其重视西语、数物化等学科的学习。他坚信这些知识是学生们在未来社会中不可或缺的武器。在他的领导下，学校引入了先进的教育理念和教学方法，使得安徽的高等教育得以突飞猛进，迈向现代化。严复在安徽高等学堂任期内，倾注了大量的心血和精力，他的贡献不可估量。他的领导力和远见卓识，使安徽的高等教育在他的引导下取得了显著的进步。他为安徽的高等教育近代化描绘了一幅精彩的画卷，留下了深远的影响。

同年，严复在寰球中国学生会的演讲中说道，甲午战争中，北洋海军虽训练精良，却败给了长期轻视的日本，这一结果促使国人反思。于是，大家开始意识到教育的重要性。因此，他提出了改革教育的主张，主张建立新式学堂。在戊戌变法及其后的时期，尽管清政府学部允许各省建立各级学堂，但这些学堂却缺乏统一的设计和规划。[①] 严复作为一名长期研究教育和实践经验丰富的学者，借鉴了资本主义国家的先进教育制度，在《与〈外交报〉主人书》中详细规划了新式学堂的学制年限和课程内容。

他计划将受教育年限分为小学、中学、大学三个阶段。每个阶段都有明确的教育目标和学习内容。其中小学堂主要面向儿童，目的是为他们打下语言文字的基础，并教授基本的西方科学知识。小学堂中只有国文教师，没有西学教师。

中学堂主要面向有小学堂基础的青年人，开始学习西学，并且使用英文来教授。英文的功课应当占总课业的十分之七，中文功课

---

① 皮后锋. 严复大传 [M]. 福州：福建人民出版社，2003.

则占总课业的十分之三。在这一阶段，严复再次强调了研究西学和学习外语的重要性。学习外语是为了适应时代的需求和未来的发展。学生还需要掌握西方现代科学文化知识。同时，使用英文授课可以提高学生学习效率和与国际接轨的程度。英文功课和中文功课的比重分配也表明了这一点。中学堂中既有国文教师，也有西学教师。

大学堂分为高等学堂和专门学堂，主要面向青年。在中学堂学习四五年后，学生可以升入高等学堂预备科或专门学堂进行专业课程的学习。严复强调高等学堂和专门学堂应该聘用洋人执教，但也可以聘用华人助教。同时，他提倡留学的教育方式，选派优秀的学生出国留学，提高他们的学术水平和综合能力。

至于老师的培养，严复提倡应该先在各省省会设立师范学堂，作为未来高等学堂的所在地，从每个县的学堂中选拔有才华的学生进行培训和教育，并给予师范生伙食补助，为未来的教育提供更多的教师资源。这些学生本身已经具有一定的才华和潜力，经过专业培训后，可以更好地担任教育工作，提高教育质量。从各县选拔有才华的学生，可以使更多来自不同地区和背景的学生有机会接受专业的教育。这有助于促进教育公平，让更多人有机会获得良好的教育。给予师范生补助，为他们提供了生活保障，可以让他们无后顾之忧，全心投入教育学习中。

## 六、把学生"送出去"

1907年，严复发布了代提学使①陈拟的留学考试公告，可以看出他对于中学的重视和西学的关注。值得一提的是，国文考试（包

---

① 严复. 代提学使陈拟出洋考试布告 [M] //王栻. 严复集. 北京：中华书局，1986：247—250.

括一篇经义和一篇史论）要求学生完成一篇三百字以上的文章才算及格。如果学生没有学习国文或者程度太低，即使西学考试及格，也不能由官方资助派遣出国留学。英文测试语法、修辞学等知识，英文序论要求能够完成一篇五百字以上，语法、拼写、标点都完全正确的文章，才能视为达到了及格标准。另外还包含了数学、历史、物理、生物等多学科要求。

这份公告除了解释需要准备的科目、应试要求和课本之外，大部分学科及课本都附上了中英文双语表达，充分体现了教育应该涵盖广泛领域，包括新旧思想和中西元素在内的全面教育观念。

表 3-1　20 世纪初留学考试情况简表①

| 学科 | 程度 | 课本 |
|---|---|---|
| 国文 | 遵照学部定章，临考题一经义一史论，以能完一篇在三百字以上者为及格，其未习国文或程度太低者，虽西学及格，例不由官资遣 | 四子五经<br>前四史（马班范陈）<br>古文辞类纂 |
| 英文法<br>English Grammar | 以能逐字指其部属并剖析词句者为及格<br>Naming and Analysing | 涅斯斐尔文法一、二、三、四<br>Nest Field Grammar |
| 修辞学<br>Rhetoric | 字法句法段法等。<br>Figures of speech<br>Construction of sentence<br>Paragraphs etc. | 培因或他氏书<br>Aleander Bain and others |
| 英文序论<br>English Essays | 以能作一篇在五百字以上，而点顿句读无讹别错拼诸病者为及格。<br>500 words or more special. | 培因文谱<br>Bain's English Composition |

---

① 严复. 代提学使陈拟出洋考试布告［M］//王栻. 严复集. 北京：中华书局，1986：247—250.

续表

| 学科 | 程度 | 课本 |
|------|------|------|
| 文学<br>Eng. literature | 以曾流览熟习以下所列各书者为及格 | 古勒斯密六合国民<br>Goldsmith："Citizen of the World"<br>蓝察理论说<br>Ch. Lamb's Essays<br>伊尔温旅行记<br>Irving's Tales of a Travellers<br>鲁滨孙漂流记<br>Robinson Crusoe<br>狭斯丕尔曲：《鄂得洛》、《罕谟勒》、《凯撒》等阕<br>Shakespeare："Othello"、"Hamlet" or "Julius Caesar" |
| 笔算 | 全部<br>Complete | 韩布林士密、洛克等<br>Hamblin Smith or J. B. Locke |
| 代数术<br>Elementary Algebra | 至双位括弧级数<br>Binomial theorem series | 温特斡思、韩布林士密、察理士密等均可用<br>Wentaworth or H. Smith，Charles Smith |
| 几何① | 平面及浑体② | 温特斡思、韩布林士密、卫里森等本均可用<br>Wentaworth，Hamblin Smith or James M. Wilson |
| 平面三角术<br>Plane Trigonometry | 边角相求对数原理<br>Solution of Triangle's Logarithmic Series | 温特斡思、韩布林士密、洛克等本均可用<br>Wentaworth，Hamblin Smith or J. B. Locke |
| 希腊史<br>History of Greece | 简录<br>Short | |
| 罗马史<br>History of Rome | 简录<br>Short | |
| 近世史<br>Modern History | 大概<br>General sketch | 巴尔安欧史览要<br>Barne's General History |

---

① Geometry，原文无英文。

② Plane and Circle，原文无英文。

| 学科 | 程度 | 课本 |
|---|---|---|
| 地志<br>Geography | 大概<br>General descriptive | 休士及约翰孙等本<br>Hugh's or Johnstone's |
| 地文<br>Physical Geography | 大概<br>Elementary | 吉基课本<br>Giekie's Class Book |
| 物理<br>Physics | 七科入门<br>Elementary | 施爵耳士<br>B. Shewark's Class Book |
| 化学<br>Chemistry | 无机<br>Inorganic，Qualitative | 罗斯科<br>Roscoe's Class Book |
| 植物学<br>Botany | 形体<br>Structure | |
| 动物学<br>Zoology | | |
| 生理学<br>Physiology | 全体<br>Elementary | 赫胥黎课本<br>Huxley's Lesson Review by Fostal |
| 以上四科可以随意选择一科习，于报名时声明。 | | |
| 拉体诺文 | 以习熟文法，又能于所习凯撒《高卢战纪》首四卷中所取句段以与英文互译为合格<br>Grammar；<br>Translation from English into Latin or Latin into English from the passages from Caesar's Gallic War First Four Books | 凯撒《高卢战纪》四卷<br>Caesar's Gallic War First Four Books<br>Latin Principal |
| 法文、德文<br>French or German | 以初学文法并第一年所习书中句法与英文互译为及格<br>First step in Grammar or Translation of Passages from the Practives Lesson | 马米兰：法、德文课本<br>Macmillan's First Essay French or German Course |

# 七、严复与实业教育

1866 年船政学堂在福州创立，这是中国近代最早的实业学校。这所学校的创办方案中，明确提出必须通过制造轮船以培养中国自己的造船与驾驶人才。左宗棠说："夫习造轮船，非为造轮船也，欲尽其制造、驾驶之术耳，非徒求一二人能制造、驾驶也，欲广其传，使中国才艺日进，制造、驾驶展转授受，传习无穷耳。故必开艺局，选少年颖悟子弟习其语言、文字，诵其书，通其算学，而后西法可衍于中国。"这段话的意思是：学习建造轮船，不仅是为了造船，而且要完全掌握制造和驾驶轮船的技术；不仅要寻找一两个能制造和驾驶轮船的人才，而且要推广这种技术，使其在中国得到不断发展，让制造和驾驶的技术得以代代相传。因此，必须开设艺局，选拔一些聪明有悟性的年轻人学习外语，诵读相关书籍，精通算术，这样西方技术才能在中国推广和应用。而沈葆桢更进一步指出："船政根本在于学堂。"[①]

学堂从 1866 年 12 月开始招生，主要用法文和英文教学。其中，法文学堂的造船科（制造学堂或称前学堂）和设计科（有绘事院和艺圃）专注于培养船舶构造与蒸汽动力装置的设计及制造专家。课程主要包括法语、基础数学、解析几何、微积分、物理学、机械学、船体制造以及蒸汽机制造等科目。英文学堂（后学堂）包括驾驶专业和管轮（轮机）专业，开设了算术、几何、代数、平面三角和球体三角、天文学、航行理论以及地理等课程。毕业时，表现最为突出的学生将选拔出来，送往欧洲深造实践。造船专业的学生将前往法国与德国的知名船厂，近距离观察并学习世界先进的造

---

① 沈葆桢. 沈文肃公政书（卷3）[M]. 北京：朝华出版社，2018：4.

船技术与工艺；驾驶专业的学生则会进入英国皇家海军学院，接受更加严格与系统的训练。严复就是第一批被录取的学生。

严复主张推行实业教育，以培养学生的实际技能和知识。关于实业，严复认为：

> 实业，西名谓之 Industries，而实业教育，则谓之 Technical Education。顾西人所谓实业，举凡民生勤动之事，靡所不赅，而独于树艺、牧畜、渔猎数者，则罕用其字。至所谓实业教育，所苞尤隘，大抵同于〈手〉工业 The teaching of handicrafts。此诚彼中习俗相沿，我辈莫明其故。故讲实业，似不必守此无谓分别。大抵事由问学，Science，施于事功，展用筋力，于以生财成器，前民用而厚民生者，皆可谓之实业。第其事与他项术业，有必不可相混者，则如美术是已。西人以建造屋宇、结构亭台，为美术之一，故西人不称建筑为实业。而自吾人观之，则几几乎与实业为类矣。又如医疗、法律，以致政治，亦无有以实业称者。此其大略也。[①]

（严文今解）实业，在西方被称为 industries，而实业教育，则被称为 technical education。然而，西方人所谓的实业，包括百姓辛勤劳动的所有事情，范围非常广泛，唯独在园艺、畜牧、渔猎等方面很少使用这个词。至于所谓的实业教育，其范围则更加狭窄，大致相当于手工业教育 the teaching of handicrafts。这确实是西方习俗沿袭下来的结果，我们不明白其中的原因。因此，我们在谈论实业时，似乎不必拘泥于这种无意义的分别。大概基于科学，应用于实际工作，通过体力劳动，用以生财造物，以满足民众需求并改善民生的事业，都可

---

① 严复. 实业教育——在上海商部实业学校的演说 [N]. 中外日报，1906-07-02.

以称为实业。实业与其他行业有所不同，如美术。西方人将建造房屋、构建亭台视为美术的一种，因此西方人不将建筑称为实业。但在我们看来，建筑几乎可以归为实业一类。另外，医疗、法律甚至政治等领域，也没有被称为实业。这就是实业大致的情况。

严复曾以 Johann Nicholaus Dreyse[①] 为例，提出了一个国家的民众对于实业的需求和依赖不仅仅体现在工商行业中，即使是在战争中，也需要依靠实业来预先制定胜利的策略。

> 则有思墨达人[②]，名杜励志者，Johann Nicholaus Dreyse，年十九，业钥工，既卒业，南行觅生计。[③]
>
> （严文今解）有一个名叫杜励志（Johann Nichdaus Dreyse）的德国人，十九岁，是一名锁匠，毕业后前往南方寻找生计。

德莱塞作为一个德国的机械师和发明家，在看到拿破仑的军队使用旧式枪械并遭受重大损失后，决心改进这些枪械。他通过在巴黎的保利武库长学到的后膛枪制造技术，最终成功造出了后膛针炮和后膛枪。这些先进的武器使得德国在战争中获得了巨大的优势，威廉一世利用这些武器进攻丹麦和奥地利，并在萨多瓦战役中取得了重大的胜利。最终，德国在师丹战役中大获全胜，威廉一世加冕成为德意志帝国第一任皇帝。

1884 年爆发的马江海战，法国远东舰队司令孤拔以游历为名，

---

① 约翰·尼古劳斯·冯·德莱塞，其主要贡献是发明了旋转后拉式枪机。这种枪机后来被许多现代枪械沿用，包括一些著名的毛瑟步枪和机枪。

② 根据史料猜测是德国人。

③ 严复. 实业教育——在上海商部实业学校的演说［N］. 中外日报，1906-07-02.

率领六艘军舰侵入马尾港，企图乘机占领马尾船厂，勒索中国。法舰停泊在罗星塔附近，占据有利位置，伺机攻击清军舰队。在马江海战中，法军拥有九艘军舰和两艘鱼雷艇，装备了七十一门重炮和一千七百九十名官兵。其中，两艘军舰负责阻止清军封锁江口，以确保退路的安全。相比之下，福建水师仅有十一艘军舰，总排水量为九千八百吨，主要是木壳舰船，火炮数量仅有四十七门，且大部分是威力小、射速低的前膛炮，官兵人数为一千一百七十六人。从两国海军舰船的等级和武器装备的攻击能力来看，法国舰队占据明显优势。特别是法军装备了当时先进的杆雷艇，具有很强的机动攻击能力。这种小艇装有一根或多根铁杆，杆端安装杆雷，攻击时将杆子伸出，冲向目标，通过碰撞或电激发引爆杆雷，能对敌方舰船造成很大破坏。此外，法舰在桅杆上部还装备了一种多管的、射速达到每分钟六十发子弹的新式哈齐开斯机关炮，可以居高临下地对

图 3-4　马江海战中的法国"拉佩鲁兹"号

中国军舰射击，令甲板上的中方官兵造成极大伤亡，军舰立刻丧失战斗力。

德莱塞靠武器为德国赢得了战争的胜利，正如法国利用强有力的航海装备在马江海战中取胜——军事技术和装备的发展需要实业教育的支持。首先，实业教育培养出的人才可以参与到军事技术和装备的研究、开发、维护和改良中，提高国家的战斗力和防御能力。其次，实业教育培养出的人才可以参与军政管理的优化中，提高军事组织的效率和执行力。这些人才可以参与战略规划、资源管理、信息管理等，帮助提高军事行动的效率和准确性，通过科研、装备的开发等，为国家的安全和防御提供支持和保障。严复在1906年发表的《实业教育》一文中强调培养能够为社会创造实际价值的人才的重要性：

> 故鄙人居平持论，谓中国欲得实业人才，如英之大斐
> Davy、法拉第 Faraday、瓦德 James Watt，德之杜励志
> Dreyse、克鹿卜 Krupp 等，乃为至难。何则？中西国俗大殊，
> 吾俗之不利实业家，犹北方风土之难生桔柚也。[①]
>
> （严文今解）严复平时的观点是，中国要想培养出像英国的
> 大斐（Davy）[②]、法拉第（Faraday）[③]、瓦特（James Watt）[④]，

---

① 严复. 实业教育——在上海商部实业学校的演说［N］. 中外日报，1906-07-02.

② 大斐，即大卫·立斐（David Davy），英国化学家，他在煤矿安全灯的发明方面做出了重要贡献。为了发明煤矿安全灯，他做了许多研究，并最终成功发明了一种可以降低煤矿事故发生率的照明设备。

③ 法拉第，即迈克尔·法拉第（Michael Faraday），英国著名物理学家和化学家，在电磁学和电化学方面做出了重大贡献。他提出了电磁感应定律，并发现了电磁波、电解定律等多种重要理论。他的研究对现代电力工业和通信技术产生了深远的影响。

④ 瓦特，即詹姆斯·瓦特（James Watt），英国著名发明家和企业家，第一次工业革命的重要人物之一。瓦特的主要发明是蒸汽机，他成功地改进了蒸汽机的设计和性能，使其成为一种可以广泛应用的新型动力设备。为了纪念他的贡献，人们把功率的单位定为瓦特（W）。

德国的杜励志（Dreyse）和克鹿卜（Krupp）[①] 这样的实业人才，是极其困难的。为什么？中西方国情和风俗习惯差异很大，当时中国的风俗不利于实业家的发展，就像北方的风土难以种植柑橘和柚子一样。

中国旧有的习俗可能会阻碍实业人才的发展和成就。这些人博学多才、勤勤恳恳，在工作中不辞辛劳，旨在帮助同胞解决问题，提升国家整体的力量。然而，这种类型的人才在西方的社会中很难找到，在中国更是难以寻觅。

严复认为优秀人才稀缺，他们的能力和贡献是难以替代的。若用 Galton 的话说：

　　国民总总，就中可望为出色人者，大约四千人之中，不过得一而已。[②]

　　（严文今解）一个国家人口众多，大约四千人中只能找到一个出色的人。

出色者具有独特的才华和非凡的能力，不愿意成为平庸的人。无论他们从事什么职业，他们都会努力为社会做出贡献。因此，在庞大的人群中找到一个这样的人才并不容易。

另外，严复引用赫胥黎的观点：

　　赫胥黎曰：论教育之极功，即在能为法以网罗此二种之人

---

① 克鹿卜，即克虏伯（Krupp），德国军火和钢铁制造商。在第二次世界大战期间，克虏伯公司为德国制造了大量的武器和军备，战后，克虏伯公司逐渐转向民用产品的生产，如钢铁、轮船和房地产等。

② 严复. 实业教育——在上海商部实业学校的演说 [N]. 中外日报，1906-07-02.

才，裁成辅相之，使不虚生，而以为通国天下所托庇。夫此二种之人，其出于何地，至不可知者也，亦如至愚极恶者然。生于宫禁之中可也，生于圭窦之中亦可也，故生学家以此为造物之游戏。[①]

（严文今解）赫胥黎认为，教育的最大功效是能够制定法则网罗这两种人才，并加以培养，使他们不虚度此生，从而成为全国乃至天下所依赖的人。这两种人会出自哪里是极难知晓的，就像极其愚笨和凶恶的人一样。他们可能出生于宫廷禁地，也可能出生于穷乡僻壤，所以生物学家将此视为大自然的游戏。

随着近代科学和工商管理的兴起，社会经济发展需要具备专门知识和技能的人才。传统教育存在舍士无学、学古入官的弊端，这导致了学生缺乏实际应用能力和职业素养。因此，严复主张推行实业教育，以培养学生的实际技能和知识。实业教育旨在培养具备这些素质的人才，以满足社会经济的需要。强调在农工商各业中都有专门的学问，这是严复实业教育思想中的一个重要主张。严复认为，推广实业教育就要培养职业自豪感和乐业奉献的精神。他主张消除科举教育留下的后遗症，注重实践和体育，以及培养精勤、坚毅、忍耐等品质。

总之，实业教育应该注重实用主义，培养学生的实际技能和知识，同时注重科学精神的传授和实践能力的培养，以及品德的养成。严复主张将实业教育贯穿于各级教育中，纠正传统教育中舍士无学、学古入官的弊端，培养具备专门知识和技能的人才以推动国家的经济发展。严复的实业教育思想是中国近代教育的重

---

① 严复. 实业教育——在上海商部实业学校的演说［N］. 中外日报，1906-07-02.

要组成部分，对于中国教育的发展和改革具有重要的启示和借鉴意义。

可以说，严复的教育理念在中国近代教育历史中占据了举足轻重的地位。他不仅是一位杰出的翻译家和思想家，更是一位具有卓越远见的教育家。他的教育理念对于中国近代教育的改革产生了深远的影响。其教育思想敏锐地触及了中国近代教育的核心课题，即如何培养具有现代知识和现代人格的人才，以满足国家和社会的需求。

严复深刻地认识到，中国的落后不仅仅体现在技术和经济层面，更关键的是教育和思想的滞后。因此，他提出了"废除八股文，提倡实学"的主张，强调教育应注重培养学生的实际能力和创新精神，而非死记硬背知识。他主张教育应与现实需求相结合，注重培养学生的实用技能和创新能力。这种思想在当时的中国教育界产生了深远的影响，为后来的教育改革提供了重要的借鉴。他的教育思想还体现了对个体发展的高度关注和尊重。他主张教育应根据个体的差异来进行，注重学生的个性和兴趣爱好。这种思想在当时的教育界是非常先进的，也为后来的教育改革提供了重要的启示。

# 第四节　强国之梦

严复的一生，如同一幅生动的历史画卷，展现了中国近代的历史进程。这不仅是严复个人的传奇，更是中华民族的共同记忆。严复作为一个接受了中国传统文人教育的智者，拥有着深厚的家国情怀。他出洋游历，亲身经历了现代文明的冲击，为中国引来现代科学和先进思想的火种，开辟了新的道路。严复的探索与追求比其他传统知识分子更加深刻，这是因为他深知强国之路并非一蹴而就，需要坚韧不拔的精神和深思熟虑的智慧。

严复的故事，不仅仅是一个人的故事，更是中华民族的故事。他的精神，不仅仅是一个人的精神，更是中华民族的精神。严复的强国思想，如同一座灯塔，照亮了我们前行的道路。实现中华民族伟大复兴的中国梦，需要我们在前人的基础上，继续奋斗，继续思考。只有这样，我们才能在新时代的浪潮中不断前进，不断超越。

## 一、从探索中国路到实现中国梦

自 1840 年开始，西方工业文明以无可抵挡的攻势冲破了古老的中国农业文明经营数千年的堡垒，先进生产力对落后生产力的巨大冲击性和破坏力一览无余。国人心目中的中国很快从一个物产丰饶、无所不有的天朝上国掉落到生产力落后、武备废弛的国家，中国显现出了经济、科技、教育、文化等全方位的不足。这场以战争形势表现出的冲突，实质上是一种文明的冲突，是"扩张的、进行国际贸易和战争的西方同坚持农业经济和官僚政治的中国文明之间的文化对抗"[1]，这种文明间的碰撞、交流和融合，创造出了一个前所未有的社会环境，孕育了崭新的中国。

### （一）少数人对中国道路的探索

当时的国人就是在这样的环境之下，踏上了寻找中国路、探寻中国梦的历程。一时间涌现出无数仁人志士，在激烈的中外冲突和

---

[1] 费正清等. 剑桥晚清中国史 [M]. 北京：中国社会科学出版社，1985：2.

强烈对比中认识到国家发展的不足，找到了自己在时代中前进的方向。从李鸿章、左宗棠主张"师夷长技以制夷"的洋务运动到梁启超、康有为倡导君主立宪的"百日维新"，从孙中山领导的资产阶级革命到陈独秀、李大钊等人传播共产主义的火种，中国社会的各阶层逐步走上历史舞台，探索国家前进的道路。时至今日，这些思想与抗争仍旧带动和引领着中华民族走向伟大复兴的中国梦。

严复作为其中的重要一员，他的求学经历和思想历程十分具有代表性。他从小在私塾里学习，幼时所立之志，只是希望长大后能有所作为，让家族骄傲。但到十来岁的时候，严家遭遇了经济困难，这使他不得不选择船政学堂，因为那里不仅不收学费，每个月还能得到一些补贴家用的钱。他从关注文史哲思想、思考忠君爱国的传统儒家教育体系，逐步转向注重实用与科学的现代教育系统。因缘际会，他得以赴欧洲留学，成为中国早期系统接受西方教育、学习现代科学知识的知识分子。

这一场开眼看世界之旅赋予了严复全局眼光和前瞻性，使他成为一位杰出的知识分子。这次经历为他提供了以思想理论和实际行动探索中国发展道路的宝贵机会。正如习近平同志所说，"严复的一生首先是爱国的一生，他的一切寻求、一切进取、一切成功都是与其爱国之心、报国之志分不开的"[①]。

与此同时，对于接受儒家教育的传统知识分子来说，为天地立心，为生民立命，为往圣继绝学，为万世开太平，是读书人的普遍理想。作为接受现代化教育、传播现代化思想的新型学人，严复的一生都在追求一种合理有效的方式，以挽救当时的中国社会于水火之中，他对于中国始终怀抱着最深刻的情感，这与传统经世心和今

---

① 林清智，林宇熙."天演先生"：从侯官走向世界［N］.福建日报，2024-01-06（002）.

朝中国梦都一脉相承。尽管家庭变故使得严复改变了原有的求学计划，但严复依然坚定地融合新式思想和传统文化，不懈地求索中国发展的道路。在船政学堂学习时，他发现相较于传统的教育体制，船政学堂不仅培养学生仁义礼智信、温良恭俭让等品德素养，更重视对自然科学和实用技能的培养。船政学堂的教育使得他快速认识到了科学对于社会发展、国力提升的重要作用。留学英国期间，严复又亲眼看见了一个工业文明下的现代化国家的运行方式。强盛的西方国家与积弱的祖国形成了鲜明的对比，传统士大夫忧国忧民的情怀刺激严复进行更深入的思考。

中国真的强大吗？怎样让中国在这样的社会环境下重新成为一个强盛的国家，从而抵御外敌的入侵，给国民带来良好的生活？

严复自国外留学归来后，作为古老帝国官僚体系的一分子，多次参加科考，始终未能如愿。科场失意，严复发现自己难以直接参与国家治理和政策制定，于是转身投入翻译的疆场。严复选择以文字为武器，用流畅的语言和犀利的笔触，将自己的观察、理解以及对国家未来的深切忧虑和思考，注入译作的字里行间。以代表作《天演论》为例，在达尔文的《物种起源》和赫胥黎的《进化论与伦理学》之间，严复选择了强调"物竞天择"的赫胥黎主张；在阐述进化论时，严复联系中国社会发展实际，向国人发出一个严峻的警告：如果不积极自强、不断进步，我们的国家和民族就将面临亡国灭种的危险。《天演论》实际上是一篇十分优秀的政论文，在当时的社会环境下，人们很容易领会到严复书中提到的"物竞天择，适者生存"，体会到不独自然界的生存法则是优胜劣汰，国家与国家之间更是如此。一个长期闭关锁国、故步自封的衰老帝国，是抵挡不住工业文明下的勃勃生机的。因此，《天演论》一经出版，就在全国引起了广泛的关注和讨论，人们开始用进化论这个新思想来思考国家的未来；这本书也启发了以胡适、鲁迅等一代学人对于国家富强的思考。这在中国既是自然科学知识的一次大普及，也引发了人们对社会方向的大讨论。

（二）全民族之中国梦想的启航

在翻译《进化论与伦理学》、发表《原强》《辟韩》等作品的过程中，严复逐渐形成了自己对于中国道路的认知，基于自身知识体系和国情，严复对中国社会的发展提出自己的期许。严复作为维新变法中的一位重要思想家，与康有为、梁启超等人有所不同。康、梁等人主张"托古改制"，试图将传统儒家思想体系与科技等成果相结合，以推动社会变革。而严复则凭借自己的留学经历和西学涵养，能够从现代文明的角度出发，对封建文化进行批判。他比康、梁等人更早、更深刻地认识到当时中国的社会和政治制度对国家富强和发展的阻碍。严复认为，中西学术之争不仅是民族之争，更是时代之差和古今之别。因此，中国的变法维新，应该是一场基于学科体制和生产方式的彻底改革，而不是为了适应封建君主统治的妥协式改革。这样的观点，既具有科学性，又充满了紧迫感，让人深思。在此过程中，严复提出了"三民说"，强调"鼓民力、开民智、新民德"，他批评"中体西用"的思维模式，主张从最广大人民的角度，从思想、教育和军事等方面提升国家的总体实力，带动全民族成长。

如今，中华民族在中国共产党的带领下已经走出一条中国道路，怎样沿着这条中国道路实现中华民族伟大复兴的中国梦，也成了当代中国的主要课题。1997年，"严复与中国近代化学术研讨会"召开，习近平同志为研讨会题词："严谨治学，首倡变革。追求真理，爱国兴邦。"他说："严复是中国近代史上向西方寻找救国真理的第一代知识分子的代表，他爱国主义和追求真理的思想，他严谨的治学精神，他对教育的重视和对教学的严肃态度，代表了千千万万中国知识分子在旧民主主义革命时期所走过的道路。"① 也就是说，尽管距离严复生活的年代已经百余年，但是严复对于中国问题的探索与当下推进中华民族伟大复兴历史进程是一脉相承的。严复在当时逼仄禁锢的思想环境之下开风气之先，著书立说、翻译经典，为中国社会引来一股新鲜空气，但他也始终无法超越历史的局限，看到中国真正的前路在何方。抚今追昔，我们应该从严复对于国家命运和前途的探索过程中找到在新时代实现中华民族伟大复兴的经验，沿着先辈学人们的脚步勇敢追梦。

## 二、强国之论的渊源

严复的强国理论源自他作为一名传统知识分子在面对社会巨变时对家国天下的深切担当。强国之路是严复一生不懈探寻的答案，凝聚了他对国家和民族未来的殷切期望。这不仅是严复个人的思考和探索，更是鸦片战争以来他所代表的一代知识分子面对国家巨变时的强烈使命感的集中体现，同时也是中国数千年来所形成的广泛的民族认同感和责任感的集中体现。

### (一) 强国之论的严复视角

强国之梦、强国之论的提出可以追溯到严复。严复始终从中国的发展前途出发，学习、思考、传播能够为中国带来生机的新思想、新学说。

---

① 福建省严复研究会. '93 年严复国际学术研讨会论文集 [C]. 福州：海峡文艺出版社，1995：4.

严复生长在传统的旧式知识分子家庭，经历了少年丧父的家庭巨变后转而接受了新式教育，此后，"西学"和"中学"在头脑中始终不断地交流、融合。对于严复来说，这是他个人学习的不同阶段，与国家发展的不同阶段相吻合。两种思想不是相互排斥的零和博弈，而是在当时特殊的历史和社会环境下，一个有良知的中国知识分子必须考虑的国家处境和未来发展道路的问题。

当我们回顾晚清至民国时期近百年间的知识分子思想变迁时，可以发现一个明显的共性：他们的思想大多数都是在中外文化的交流和碰撞中不断成长和最终确定的。

中国的传统文化和传统知识分子并不总是故步自封的。汉朝和唐朝的首都，吸引了大量的外国人学习中国文化。在这些中国文化繁荣发展的鼎盛时期，文化呈现出高度的包容与开放。但是到清朝，这种兼容并蓄的思想与治国平天下的理想，由于封建社会历史发展的特殊局限性，逐渐被八股取士舍士无学的观念所取代，导致知识分子群体的思想逐步趋向于僵化。当已经步入工业文明的英国使者来到了乾隆年间的大清王朝时，他们惊讶地发现，尽管这个王朝人口众多、生活条件日趋艰难，但绝大多数人仍沉浸在天朝上国的虚幻荣耀之中，对外部世界的飞速发展浑然不觉。鸦片战争的到来迅速打破了这一幻想，使一大批先知先觉的人开始深入了解入侵者，从中学习振兴国家的方法。

这种担当是根植于民族血脉的。正如互联网上曾流行的一句话："中国的老百姓们总是被他们之中的勇士们保护得很好。"这恰恰证明，在中国发展的不同时期，总有人认真思考国家和民族的前途和命运，带领国人走向光明的未来。到了今天，这种思想强国的梦想仍旧贯穿于国家和社会发展之中。

以严复为代表的国人不断寻求救国道路，探索思想强国之路。从封建帝王、地主阶级、资产阶级到无产阶级，不同社会阶级的人先后登上历史舞台寻求救国之路，在历经数次失败取得关键性迭代之后，这个国家、这个民族迎来了能够带领她走向新生的特殊群体。历史最终选择了中国共产党，选择了无产阶级，选择了在中国发动最广泛的民族革命和社会革命，引领中国走向独立和现代化。从历代学人的探索到今时今日的道路，一脉相承的是中华民族不变的中国梦。

（二）强国之论的当代发展和探索

当代的强国之论是在马克思主义中国化理论框架之下，传承了中华优秀传统文化的理论体系。马克思和恩格斯是在工业已经充分发展的欧洲社会中创造了马克思主义理论，工人阶级是这一理论中最关键的群体。但是，马克思和恩格斯的社会观察并不包括像中国这样古老的农业国。在中国，数千年的农业发展和落后的工业生产使得中国的革命和强国建设必须建基于农民阶级、农村。为此，以毛泽东同志为代表的中国共产党第一代领导人开始探索如何应用马克思主义在中国开展革命。在此后的国家治理中，历代领导集体都遵循了马克思主义中国化的路线。

这种对于光荣传统的继承和坚持不是故步自封和不思进取，而是在正确的思想纲领领导下，结合时代发展的变局，秉承着始终不变的初心，在新时代不断探索马克思主义中国化的新成果，用马克思主义的现代化和中国化成果完成中华民族伟大复兴的中国梦。习近平总书记在党的二十大报告中指出："只有把马克思主义基本原理同中国具体实际相结合、同中华优秀传统文化相结合，坚持运用辩证唯物主义和历史唯物主义，才能正确回答时代和实践提出的重大问题，才能始终保持马克思主义的蓬勃生机和旺盛活力。"①

思想强国梦的关键是道路、理论、制度和文化上的自信。民国时期，由于传统思想和文化受到很大冲击，很多人心怀一种急功近利的革命思想，对于传统文化、语言、文字等进行全面否定，甚至有人提出要废除汉语与汉字。这种态度固然反映了在面临冲击时的求好心切，但同时也体现了对文化认知的不足。新时代中国特色社会主义文化以马克思主义为指导，坚守中华文化立场，立足当代中国现实，结合当今时代条件，面向现代化、面向世界、面向未来。如何坚定文化自信、秉持开放包容、坚持守正创新，从而在前人的宝贵经验基础上，赓续历史文脉、谱写当代华章，是新时代文化建设的历史使命。

中国传统文化是在数千年来的生产生活中约定俗成、总结浓缩而成，在面对以工业文明为主导的文化时可能略显笨拙，但本质上契合中华民族数千年来发展的文化经验和底层逻辑。我们要以发展的眼光看待传统文化，唤起广大群众心目中对于中华优秀传统文化的广泛认同感，让传统文化在现代社会取得创新、获得传承。正如我们在当代中国发展的大背景下，仍要探究以严复为代表的先辈学人的思想，其核心目的是通过探索这种国人内心的最大公约数，将传统与现代融合起来，推动当代中国的大发展。

思想强国不仅在于传承，更在于创新和发展。马克思主义思想是活的思想，它的不断中国化及其取得的理论成果，是中国从半殖民地半封建社会到新民主主义社会再到社会主义社会的理论基础。从毛泽东思想、邓小平理论到"三个代表"重要思想和科学发展观，再到百年变局下孕育的习近平新时代中国特色社会主义思想，

---

① 习近平：高举中国特色社会主义伟大旗帜　为全面建设社会主义现代化国家而团结奋斗——在中国共产党第二十次全国代表大会上的报告[EB/OL]. https://www.gov.cn/xinwen/2022-10/25/content_5721685.htm.

思想上的不断创新代表着每一代中国共产党人都领导着中国人民紧随时代、开拓奋进，为中国人民谋利益，为中华民族谋复兴。一代人有一代人的使命，严复一代知识分子的解放思想、学习创新的精神时至今日仍旧值得我们学习。时代洪流滚滚袭来，中国也必须在不断发展的过程中推陈出新，发展出最能够引领当代中国坚定迈向实现中华民族伟大复兴的中国梦的核心思想。

## 三、教育强国梦的启航

2004 年 2 月 8 日，第六次严复学术研讨会在福州召开，习近平同志在发来的贺信中说："严复是中国近代杰出启蒙思想家、教育家和翻译家，他的《天演论》等一系列译著唤起了国人奋起挽救民族危亡的意识。纪念严复缅怀先哲历史功绩，对弘扬爱国主义精神，促进民族全面复兴和祖国统一大业有着重要意义。"[①] 作为教育家的严复，不仅积极探索自己所生活年代的教育强国之路，他的思想也超越时代，对我们实现当代教育强国梦发挥着重要启迪作用。目前，中华民族面临国内国外两个大局，一是中华民族伟大复兴的战略全局，二是世界百年未有之大变局。如何在国内国外的巨大变局之中找到国家发展、民族复兴的方向，实现近代以来无数中华儿女前赴后继的民族复兴之梦想，是我们当下的重点，教育强国是民族复兴最基础的落脚点。

（一）从传统到现代的衔接

严复以教育为民族复兴、强国发展的根本宗旨，强调在人才培养中教育内容的中外兼修、兼容并包。他认为，教育既不能只停留

---

① 纪念严复诞辰一百五十周年特刊 [G]. 2004：35.

在坐而论道的理论层面，也不能落入唯利是图的世俗层面，而应在广泛学习和发掘个人潜力的基础上，为国家和社会发展做贡献。这种复杂兼容的教育理念起源于他一生复杂的教育和治学经历。

严复幼年成长于书香门第，家中盼他学有所成、经世致用、光宗耀祖。早年间的科举教育为其打下了良好的国学基础，并赋予他深厚的家国情怀，这在后期他所翻译的《天演论》等作品中即有体现。作为最早向中国"引入天火"的学者之一，他基于自身深厚的国学功底和外文造诣，对翻译工作提出了"信、达、雅"的要求，即翻译不仅需要完整表达原文的含义，还要表达充分、富有文采。更重要的是，在当时的特殊环境下，他还力求用译作启发民智。他的《天演论》既具有古文的韵律和文采美感，符合当时知识分子群体的阅读需求，也着眼中国发展和国际社会全局，号召广大同胞认识到"物竞天择，适者生存"的国际现实，从而奋起直追、振兴民族。可以说，他的知识体系是现代的、科学的，出于他"天下兴亡，匹夫有责"的赤子之心。

严复在晚年给弟子熊纯如的信中写道："复教子弟，以现时学校之难信，故宁在家延师先治中学，至十四五而后，放手专治西文，一切新学皆用西书，不假译本，而后相时度力，送其出洋，大抵八年而后卒业，至于所治何科，所执何业，亦就少年性质之所近而喜好者，无所专尚也。"[1] 可见，在严复的教育理念中，他将国学定位为基础性学科，这是因为国学乃是中华民族演化数千年所形成的最能代表中国文化特征、最能培养民族认同感、最能激发民族向心力的学科之一。知识体系中有了国学的底色，其他结构才能够建筑起来，成为中国社会发展过程中的助力。

同时，严复非常重视西学。在严复所处的社会环境之下，重视

---

① 严复. 与熊纯如书［M］//王栻. 严复集. 北京：中华书局，1986：626.

西学即相当于重视科学和技术。这说明他充分认识到了科技素养在人才培养中的重要性。严复留学归来后在船政学堂任教习，这使他有更多的机会接触、认识和了解青年群体。而科举的屡试不第，也使他投注更多精力于学术和教育，由此，他翻译和创作出了一大批鼓舞民力、启发民智的作品。

严复的教育理念是中国传统教育体系与现代科学教育体系相融合的结果。这样的争论、融合与发展在当代社会依然存在，需要在国家不断发展和完善教育系统、促进人的自由全面发展过程中得到进一步的完善。从春秋战国百家争鸣到汉代罢黜百家独尊儒术，从察举制到九品中正制再到科举制，从进士明经科考再到八股取士，中国传统教育的重点不断向人文学科倾斜，形成了明清时期重思想而轻科学、重理论而轻实际的学风。掌握国家大政方针的知识分子不再了解生产生活实际，而是乐于理论治国，导致中国的科技实业发展落后于经过工业革命的西方国家。严复及同时代的学人认识到了这种差距，怀揣着弥补这一差距的迫切愿望，寄望于新式教育，以期中国能够重新与世界同步发展，作为一个强大的国家屹立在世界之林。

（二）对现代与传统两种教育理念的结合

严复在充分认识到中外教育体制和模式的区别后，既思考如何让现代自然科学和社会科学知识融入中国教育体系，也致力于发挥中国传统文化的精粹作用，在教育的现代化改革中融入传统。这一领先时代的教育理念，与当代中国的教育体系一脉相承。

首先是对教育的科学性的重视。严复成长于传统文化的式微阶段。作为接受过自然科学教育的新式学者，严复提倡启发民智，让大众认识科学，打破传统社会生产力低下的蒙昧状态。他希望通过发展科学来探索未知，让科学发展和技术革新发挥作用，提升社会生产力和生活水平。中国崛起、实现中国梦，必须依靠中国在科技与人文领域的全面发展和振兴。自"五四"以降，"德先生"和"赛先生"在中国深入人心，人们逐渐树立起"科技是第一生产力"的观念，鼓励创新、重视发展，促进了新中国在科教兴国的道路上行稳致远。习近平同志非常重视科技创新的作用，他提出"科技成果只有同国家需要、人民要求、市场需求相结合，完成从科学研究、实验开发、推广应用的三级跳，才能真正实现创新价值、实现创新驱动发展"①。

其次是对教育的人文性的关注。教育是认识世界、了解世界的窗口，中国教育的人文性是建立在光辉灿烂的中华传统文化基础之上的。严复一代，即使是新式知识分子，也绝少有专修科学而不通人文教育者，大多讲究内外兼修。严复不仅以中国传统文化中知识分子的道德要求来衡量自我，将修齐治平作为人生的最高理想，同时他也深刻认识到科学技术的重要价值。这种人文与科学教育并存的理念也体现在我国当代"立德树人"的教育理念中。当代教育的人文性主要体现在对青少年道德的培养。从幼学启蒙到青年游历到中年译学再到晚年立学，严复在厚植中国传统文化深刻内涵的基础上建立起的认知体系，能够帮助我们从根源出发，思考个人与社会、国家之间的关联，探索未来的发展之路。

再者是关注传统教育的基础性。前文提到，中华传统文化契合本民族数千年来形成的底层逻辑，是大众思想公约数的外化体现。它可能会因为自身的强大惯性而与社会发展不相吻合，但是与国家和民族的共鸣仍旧是强大的。严复正是因为认识到这一点，更加注重传统教育的基础性，认为无论是教育大众还是教育子女，都要在学好传统文化的基础之上，进一步选择和拓展治学方向。这一理念

---

① 方力，任晓刚. 推动全球科技创新协作［N］. 人民日报，2011-11-11（009）.

与我们在当代文化中坚持的守正创新原则不谋而合，强调了传统与现代的融合与发展。在复杂多样的国际文化环境之中，我们应当始终认识和保持马克思主义和中华优秀传统文化的优越性，打牢文化自信基础，让中华优秀传统文化能够和现代科学体系充分结合，共同推进中华民族伟大复兴的中国梦的实现。

## 四、军事强国梦的实现

西方列强的坚船利炮在中国国土上轻轻一动，就能换来庞大的主权和经济利益让渡，这样的场面自 1840 年开始在古老中国持续了百年之久，带给中国及中国人的伤害时至今日也无法完全抹去。强国！强国！只有拥有足够的力量，才能对抗外来者的侵略；只有拥有足够的力量，才能庇佑这片土地上的人民；只有在军事上强大起来、行动起来，才能够御敌于国门之外。这样的认识源自严复，源自一名处于新旧交替之中的知识分子，是再自然不过的事情。严复出身船政学堂，对中外海军的了解尤为深刻；又经甲午海战，对于旧制军事的弊端了如指掌。他的军事思想实用而利民，于今日之中国也有参考借鉴价值。

### （一）对强健国民与强大海军的深切期盼

1867 年初，严复进入船政学堂后学堂，他在这里主要学习驾驶技术和英文。学校在开设外文、数学、物理、地质、天文、航海等新学的同时，兼开论策课程，以确保学生在接受新式思想时仍能遵守传统伦理道德。严复等人接触到了不同于当时中国传统体制的军事思想和方法，逐渐了解到海军新式武器和物理、数学等学科的奥秘所在。自 1871 年起，成绩优秀的严复先后在"建威""扬武"等军舰上实习。当时的中国、日本先后筹办海军，国民对海军振兴中华的潜力寄予了厚望。1877 年，严复被选拔前往英国留学，他怀揣着实现军事强国的梦想踏上了这段求学之旅。

英国格林尼茨皇家海军学院注重培养学生实际应用能力的教学方法使严复受益良多。严复对于光、热、空气、水和运动等自然科学，兵船发展之趋势、铁船之利弊等应用科学均有研究和涉猎，他如饥似渴地吸收新知识，渴望着回国之后能够投身海军报效祖国。学成归国后，他进入北洋水师学堂，历任教习、会办、总办等职，为北洋水师学堂规划出了一个重视动手能力和施展本领的人才培养体系，培养了一大批中国海军的先驱。

在海权国家通过科技发展与经济扩张逐步划分势力范围、完成全球布局的年代，弱者几乎不可能在暴力的全球化进程中争取到自身发展的充分话语权。严复充分认识到中国作为一个传统农耕型大陆国家在海权之上的不足。"窃伏维五洲立国，形势不同，有海国，有陆国，有海陆并控之国。海国如英吉利，陆国如俄罗斯，海陆并控如德、法、美利坚。而我中国者，正海陆兼控之国也。"① 因此，他强调要"奋海权"，"必有海权，乃安国势"。一个没有战争能力的国家是不足以谈和平发展的，而一个海岸线蔓延万余公里的国家要维护海权，则必以一个强大的海军为基础，"盖国唯能战而后可期不战，而享和平之福也"。在仔细分析了当时的社会环境后，严复认为中国海军的建设难点主要在于人才之难、军港根据地之难、规划经办之难及筹款之难。在一个内有军阀割据混战、外有强敌环伺的古老帝国，要解决这些难题，几乎是难于上青天。严复正是怀着这样未竟的强军梦孜孜以求，企盼一个全新的国家能够完成这一质朴而执着的梦想。

---

① 严复. 代北洋大臣杨拟筹办海军奏稿［M］//王栻. 严复集. 北京：中华书局，1986：256.

（二）中国强军之梦的探索与发扬

时至今日，我们依旧沿着严复以来的先辈学人的思想轨迹，探索如何用优秀的军事能力保卫我们的国民，发展我们的国家。

强大的国防实力来自国防与军队的现代化建设。自严复登上军舰实习之日起，冷兵器与热兵器之间的巨大差异就震撼了他。他意识到，科技力量一旦被应用到军事领域，交战双方军事力量上的巨大差异是难以用人类智慧弥补的。中国是文明古国，军事理论与军事哲学的发展领先全球，但由《孙子兵法》《纪效新书》等构成的军事理论体系，不足以弥补中西方在军事力量上的代际差异。坚船利炮对长枪短剑，其破坏力和威慑力呈现出以数量级计的差异。因此，严复留学英国期间刻苦学习自然科学和军事实用知识，希望弥补东西方之间在理论和武器等方面存在的巨大代际差异。他也曾对洋务运动时期的北洋水师抱有很大希望，但是落后的军事理论思想终究无法指挥先进的武器体系，最终酿成了甲午海战的巨大失败。在当今日益复杂的国际环境下，习近平总书记在党的十九大报告中强调："树立科技是核心战斗力的思想，推进重大技术创新、自主创新，加强军事人才培养体系建设，建设创新型人民军队。"[①] 中国共产党始终带领人民军队在军队现代化的建设道路上逐梦前行，取得举世瞩目的军事成就，航空母舰（辽宁舰、山东舰与福建舰）的诞生是对严复的强军梦的另一种延续。

近代以来军事武器与军事科技的快速发展给现代化军事活动带来了更多的可能，以战争为典型代表的军事活动具有了更大量级的破坏力。我们在更加谨慎地对待战争、对待军事活动的同

---

① 习近平：决胜全面建成小康社会 夺取新时代中国特色社会主义伟大胜利——在中国共产党第十九次全国代表大会上的报告 [EB/OL]. https://www.gov.cn/zhuanti/2017-10/27/content_5234876.htm.

时，也需要进一步推进对军事工作的科学性和实用性的发掘。20世纪五六十年代，新中国在国际上仍旧受到有核国家的核威慑甚至核讹诈，故而在罗布泊秘密开展研究，号召"造出原子弹，挺直腰杆子"。一旦中国的军事技术足够自保，就能进一步摆脱军事强国的威胁。以科学推进军事发展，从而在当今纷繁复杂的国际环境中获得更加平稳的发展环境和更大的话语比重，这是中国从近代百年战争中总结的经验和教训，从近代历史看来，可谓字字血泪。而今，中国文化和中国梦在全世界范围内的影响力进一步扩大，带动更多国家共同构建人类命运共同体，为人类社会的长远生存和发展打下良好的基础。这是中国身处时代浪潮之中做出的必然选择，同时也是根植于中国传统文化深处的"达则兼济天下"的士人梦想的集中体现，与中国人古老的军事和政治观念遥相呼应、一脉相承。

稳定的战略核心来自军队建设与国家面貌的协调发展。洋务运动的破产和北洋水师的战败足以启发世人：一个国家和民族强盛与否，并不取决于其军费多少、兵士几何，而在于国家和民族真正的精神面貌。即如鲁迅所说，凡是愚弱的国民，即使体格如何健全、如何茁壮，也只能做毫无意义的示众的材料和看客，病死多少是不必以为不幸的。代表皇权阶层、地主等统治阶级利益的旧军队，与人民群众的生活相去甚远，无法真正服务于这个国家最广泛的群众基础。知识分子们认识到了这一点，认识到了引导军事、政治等要素走向群众、开启民智的重要性，并逐渐行动起来。鲁迅之于医学，严复之于军事，均是在国家危难之际为自己寻得的一条报国之路。然而在贫弱的国家和愚昧的国民之大环境之下，他们却都不约而同地放弃了原有的道路而转向了开启民智的道路。这足以证明，在发展军事的过程中，更重要的是国家道路和思想的选择，须知军事活动原本即政治的延续，政治上的全面落后是无法通过表面的军事强盛实现弥补的。

在当代中国的军事发展中，中国特色社会主义道路自信的重要性愈发凸显。历经百年探索，中国人民通过各阶级的革命，最终选择了中国共产党带领中国人民走向民族复兴，这证明了马克思主义在中国、社会主义在中国的正确性。自1978年改革开放以来，中国特色社会主义道路的逐步确立和发展进一步推动了中国社会的繁荣和发展，也对中国的军事发展提出了新的要求，党中央要求新时期的人民军队要做到"听党指挥、能打胜仗、作风优良"，这是中国共产党始终代表中国最广大人民的根本利益，人民军队始终为了保护最广大人民根本利益的集中体现。党领导下的人民军队以人民群众为基础，守卫着国家主权和群众利益，保护中国人民能够在和平的国内环境下得到发展。这正是以严复为代表的一代学人们始终孜孜以求而不得的军事格局。目前，身处两个变局下的中国仍旧面临着国内、国际众多挑战，在科技强军、发展军事的同时更应当始终牢记和坚持中国特色社会主义军事道路，在发展军事力量的过程中更应当进一步加强党对军事力量的指挥，从而应用国家军事力量服务于最广大人民群众。

## 五、经济强国梦的演进

经济强国的本质在于通过协调国家各个层面的资源，实现科技、文化、人力等各方面资源的优化组合，从而为国民提供更好的工作和生活环境。近代以来，西方国家的崛起是以工业革命带来的经济腾飞为基础的。伴随着社会发展水平和需求的不断提升，维持原有的生产力水平往往很难满足人口增长和社会需要，因此需要大幅度提升生产力水平。生产力水平获得提升后又反作用于社会，促进其进一步发展，这是人类社会生产力发展的内在规律。这种规律的外在体现，就是一个国家是否富强，人民群众生活是否安全、富足。

## （一）天朝梦想的破灭与富国强民的觉醒

欧洲国家经过工业革命，带来了生产力水平的跃升，形成了与传统农业文明截然不同的社会格局，领先同时代的亚洲、非洲国家。我国最初的留学欧美者，无不惊叹于欧洲经济发展水平之高，并逐渐认识到科学与实业对于国家的重要性。那个年代倡导实业救国的人希望学习西方先进的技术和管理模式，通过实业创造出更大的经济利益，以使中国富强起来。

严复正是那一代人中的杰出代表，他们心中始终萦绕着一个共同的目标——寻求国家的富强。他很早就意识到了经济学在国家发展过程中的重要意义。留学英国期间，严复参观城市的各个角落，研究"彼社会"与"此社会"之间的每一细微区别，震撼于资本主义国家先进生产力和强大经济活力，对于以亚当·斯密为代表的古典经济学具有十分浓厚的兴趣。他说："晚近欧洲富强之效，识者皆归功于计学，计学者，首于亚丹·斯密氏者也。其中亦有最大公例焉，曰大利所存，必其两益：损人利己，非也，损己利人亦非；损下益上，非也，损上益下亦非。"① 不过，亚当·斯密作为自由经济的鼓吹者和重商主义者，更加注重个人主义在经济领域的重要性，而严复则在承认个人利益的基础之上更进一步，认为群体、国家的利益高于一切。这与社会主义思想文化中对于民族和集体的认知不谋而合。

## （二）正确道路的选择与经济强国的实现

1978 年，中国开始实行改革开放。中国逐步从社会主义计划经济的窠臼之中走出来，学习在当今时代拥抱市场经济，摆脱思想

---

① 严复. 社会剧变与规范重建 [M]. 上海：上海远东出版社，1996：324.

的钢印，走上一条具有中国特色的社会主义道路。此后，中国发展突飞猛进，实现了从富起来到强起来的历史性跨越，以更加强大、开放、自信的姿态屹立于世界之林。

中国式现代化是物质文明与精神文明相协调的现代化，最根本的追求是让老百姓都过上好日子。两千多年前，孔子和弟子们这样描述老百姓们恬淡美好的生活："风乎舞雩，咏而归。"到了现代，这样的恬淡转换成看得见山、望得见水、留得住乡愁，这种美好宁静的生活一直是中国人民共同追求的理想。

在现代，这种理想生活的实现需要我们逐步探索、持久坚持。习近平总书记强调，中国的改革开放只有进行时没有完成时。中国始终在持续深化改革开放，通过改革开放实现对外交流，构建经济层面上的人类命运共同体，通过中国的努力将全世界联系起来，共同构建一个适应于全人类发展的经济环境。这是新时代中国人的强国梦，也是先辈们不敢奢望的强国梦。这是基于马克思主义原理、将全体人民列入经济发展的过程之中、让最广大群众能够享受经济发展成果的中国特色社会主义经济学，是融入中国现代化发展进程之中的全体中国人民的中国梦。因此，在新时代中国的经济发展进程中，党和国家要在关注经济增长的前提下注重全体人民的幸福感和获得感，坚持发展为了人民、发展依靠人民、发展的成果由人民共享的原则，让最广大的人民群众能够从经济腾飞过程中获得物质上和精神上长足的发展和进步，让经济腾飞不仅在物质上满足人民，也在精神生活上带来更多可能。

从经济发展方式来说，持续深入改革开放仍旧是中国实现经济强国梦的必由之路。改革开放不仅能够将国内市场与国外市场联系起来，让中国深度融入世界经济体系之中，在改革开放的过程中，中国的思想、文化也将伴随着经济活动范围的扩展传播到世界各地。我们要实现以国内大循环为主、国内国际双循环相互促进的新发展格局，就是要在发展国内经济的过程中持续深化改革开放，通过开放包容的姿态推动世界范围内经济体系的融合与发展。或许在此过程中，中国将面临许多外部因素的阻挠和影响，尤其是面临百年未有之大变局，世界在总体和平之下仍存在局部冲突，霸权主义、零和博弈的思想仍存在于国际关系之中，地区保护主义、以邻为壑的思想和行为仍有出现。中国在保障好自身发展命运的同时兼顾人类命运共同体的构建和发展，推动全球各个国家联合起来。

从国内经济发展整体特征来说，实现经济强国梦还需要持续做好乡村振兴。"三农"问题是国家健康发展的基石，不仅关乎老百姓日常生活的粮袋子与菜篮子，更关系到我国数亿农民的生计问题。从我国当下的现代化产业格局来看，"三农"仍旧是国家产业体系之中较为薄弱的一环，自 2020 年党和国家宣布实现全面脱贫后，"三农"工作的重点就从扶贫转向了振兴。在经济发展的过程中，通过转换乡村发展新旧动能、盘活农村特有的自然和文化资源，可以让农村地区的资源融入现代化的产业体系之中，解决原本城乡二元经济体制下二者之间的隔阂，让农村与城市不仅在人口层面流动起来，更在资源层面实现双向交互，推动城乡一体化融合发展。需要注意的是，推动乡村振兴是一项全面而系统的工程，在产业、教育、医疗、养老及基础设施等方面需要协同发力，共同打造出一个看得见山、望得见水、留得住乡愁的新农村。通过乡村振兴补齐中国经济发展短板，解决人民日益增长的美好生活需要和不平衡不充分的发展之间的矛盾，实现国家经济的全面腾飞、人民生活水平的全面提升，才能最终实现中华民族伟大复兴的梦想。

## 六、政治强国的传承实践

中国自古以来的文脉传统之一是"学而优则仕"，知识分子对于国家的发展有着朴素的责任感与使命感，也因此对于政治环境和政治活动有着天然的亲近与特殊的追求。可以说，凡是有思想、有追求的知识分子，大都是有政治理想的。在古代，政治追求体现为"仁者爱人"的仁爱之心，"天下兴亡，匹夫有责"的责任感，以及"致君尧舜上，再使风俗淳"的崇高目标。这种精神传承至近代，转化为"革命尚未成功，同志仍需努力"的自我鞭策与不懈努力。时至今日，这些深刻的理念已深深烙印在中国人的灵魂中，成为全党全国各族人民共同追求的理想——实现中华民族伟大复兴的中国梦。这是一个统一的多民族国家在数千年传承发展下形成的文化自觉与政治风格，这样一脉相承的政治强国思想在和马克思主义理论的融合交流下，逐渐形成了当代中国强国之路的政治实践进程。

严复是近代最早"开眼看世界"的中国人之一，船政学堂的学习让他系统地接受了自然科学教育，对于提升国家经济和国防实力的紧迫性相较于同时代人群有更加深入的认识，是能够真正将科学发展与国家富强相统一的人之一。严复在政治上的思想及表现与传统儒生政治理念存在明显区别。他在一定程度上突破了儒家思想对于忠君爱国的盲从和天赋君权的迷信，在系统学习自然科学之后产生了更加理性的、系统的和具有人文关怀的政治思想。这种政治哲学既有中国传统文化治学为民的民本主义底色，也有近代自然科学体系中尊重科学、尊重自然的理性主义视野，更与马克思主义思想强调人的自由而全面发展的人文主义追求不谋而合。严复的政治观，是结合了中国文人担当和西方民主思想的政治观，也是从国家、从人民利益角度出发，谋求中华民族伟大复兴的中国梦的政治观。可以说，严复的政治思想既继承中华文化传统，也具有前瞻性。时至今日，严复的政治强国思想仍在社会主义核心价值体系中传承实践着。

一方面，严复的政治强国思想体现了对于自由和民主的向往和追求。自由、民主思想在遵循三纲五常、崇尚君权神授的封建社会体系下几乎是不可被讨论更不可能被追求的禁区，这是从人的本性出发对于人的自由及全面发展的追求和呐喊。马克思主义思想是诞生于资本主义社会和工业文明，追求全人类共同福祉的政治思想，与中国传统的"天下大同"的思想相统一。习近平总书记把马克思主义基本原理同中国具体实际相结合、同中华优秀传统文化相结合，提出了构建人类命运共同体，以谋求全人类的共同福祉。

在中国，人们追求自由民主，是对数千年封建文明形成的人性枷锁的反叛，也是在马克思主义思想的指引下，对于美好生活的追求。我国目前正处于社会主义初级阶段，践行社会主义核心价值观，就是人们对于美好生活追求实现了理论层面的统一。这意味着中华民族找到了共同创造美好生活、实现中华民族伟大复兴的中国梦的实践道路。社会主义核心价值观是中国文脉传统和马克思主义思想及其中国化理论成果相互交融、共同形成的政治哲学的理论和实践表现。

另一方面，严复的政治强国思想体现了特殊历史环境下形成的全民族爱国的强大凝聚力传统。作为世界上唯一传承至今的文明，中华文明五千年的发展历史从未中断，数千年的文明发展历史一脉相承，文字、语言和社会风俗都有着清晰的发展脉络。当代中国人仍能读懂千年前的古书，仍旧遵循着千年前的传统、庆祝千年前的节日。身处河水冲击而成的广袤而肥沃的平原地带，先民们只有团结统一才能经营好农耕文明，才能够抵御天灾和游牧民族的侵袭，由此形成了中国文化传统对于大一统的向往。

为此，无论是四分五裂的五代十国，还是饱受侵略的近代中国，即使身处民族危亡、侵略横行的困顿之中，仍不乏仁人志士苦苦追寻重新建立起一个统一的多民族国家的道路，思考如何让国家走向富强。这种精神在郑成功等民族英雄身上得到了体现，也在孙中山、毛泽东等革命家的奋斗中得到了彰显，同样在严复、梁启超等学者的思想中得到了传承。即便在如今大一统的盛世，这种追求依然未曾停歇。中华人民共和国成立七十余年以来，历任党和国家领导人团结全党全国各族人民，在全国范围内不断发展政治、经济、文化、军事、生态等各个层面，获得了全国人民的广泛支持，其动力皆源自中华的强大凝聚力。在这样的强大凝聚力之下，中华儿女才能够同呼吸、共命运、心连心，共同推进这个古老民族走上复兴腾飞之路。

世界百年变局之下，中国发展、中华民族伟大复兴已成历史大势。抚今追昔，中华民族数千年来的文明传统驱动着我们不断朝着中华民族伟大复兴的中国梦前行。我们如今沿着严复等先辈们奋斗的足迹去追寻探索他们为救亡图存曾做出的努力，是为了从历史中汲取前进的经验，获得在当代稳步前行的力量。强国、复兴，这是近两百年来每一代中国人的梦想，斗转星移，时空变幻，这份历史的重责大任由每一代中华儿女共同担当。严复的一生充满传奇，当代人将继续随着这传奇的脚步，逐梦前行。

# 后　记

　　福州社科普及读本《强国之路：严复的"译"生》在普及和宣传严复翻译思想方面，开创了校地合作的新路径，积极探索了"地方政府＋高校＋社会组织"三位一体的合作模式。在福州市社会科学界联合会的耐心指导下，地方本科高校的科研团队勇挑重担，积极联动并整合各类社会组织资源，深入挖掘严复翻译思想的精髓，以及其背后所承载的侯官文化的深厚底蕴与独特价值。本书匠心独运，采用贴近民众、易于理解的语言表达方式，生动讲述了可亲、可爱的严复故事、侯官故事和中国故事。

　　本书的顺利出版是团队成员共同努力的结晶。第一章由王丽编写，第二章由李晓燕编写，第三章第一节至第三节由余欣编写，第三章第四节由谢钦编写。在此，我们要特别感谢福建师范大学王岗峰教授的耐心指导，评审专家提出的富有建设性的意见，以及闽江学院郭佳博士对文稿的精心润色。同时，也感谢所有参与和关心本项目的单位和个人，正是由于他们的共同努力与支持，才使得这部作品得以顺利完成。我们希望本书能够在广大读者中引发思考与共鸣，为传承和弘扬严复翻译思想贡献一份力量。由于水平有限，书中难免有不足之处，敬请读者批评指正。

谢　钦<br/>2024 年 12 月

**图书在版编目(CIP)数据**

强国之路:严复的"译"生/ 谢钦主编. — 福州:海
峡文艺出版社,2024.12
(福州社科普及读本)
ISBN 978-7-5550-3683-8

Ⅰ.H059

中国国家版本馆 CIP 数据核字第 2024BB2290 号

**强国之路:严复的"译"生**

---

谢钦　主编

出 版 人　林　滨
责任编辑　张琳琳
出版发行　海峡文艺出版社
经　　销　福建新华发行(集团)有限责任公司
社　　址　福州市东水路 76 号 14 层
发 行 部　0591－87536797
印　　刷　福建新华联合印务集团有限公司
厂　　址　福州市晋安区福兴大道 42 号
开　　本　720 毫米×1010 毫米　1/16
字　　数　166 千字
印　　张　12
版　　次　2024 年 12 月第 1 版
印　　次　2024 年 12 月第 1 次印刷
书　　号　ISBN 978-7-5550-3683-8
定　　价　25.00 元

---

如发现印装质量问题,请寄承印厂调换